U0491929

高质量发展建设共同富裕示范区研究丛书
中国社会科学院组织编写

以现代化产业体系建设推进共同富裕的浙江探索

黄群慧 邓曲恒 等著

中国社会科学出版社

图书在版编目（CIP）数据

以现代化产业体系建设推进共同富裕的浙江探索/黄群慧等著． --北京：中国社会科学出版社，2024.10
（高质量发展建设共同富裕示范区研究丛书）
ISBN 978-7-5227-2690-8

Ⅰ.①以… Ⅱ.①黄… Ⅲ.①共同富裕—研究—浙江 Ⅳ.①F127.55

中国国家版本馆 CIP 数据核字（2023）第 195071 号

出 版 人	赵剑英
责任编辑	王　曦
责任校对	夏慧萍
责任印制	王　超

出　　版	中国社会科学出版社
社　　址	北京鼓楼西大街甲 158 号
邮　　编	100720
网　　址	http://www.csspw.cn
发 行 部	010-84083685
门 市 部	010-84029450
经　　销	新华书店及其他书店
印　　刷	北京君升印刷有限公司
装　　订	廊坊市广阳区广增装订厂
版　　次	2024 年 10 月第 1 版
印　　次	2024 年 10 月第 1 次印刷
开　　本	710×1000　1/16
印　　张	13.5
字　　数	180 千字
定　　价	69.00 元

凡购买中国社会科学出版社图书，如有质量问题请与本社营销中心联系调换
电话：010-84083683
版权所有　侵权必究

总　　序

2021年，在迎来建党百年华诞的历史性时刻，党中央对推进共同富裕作出了分阶段推进的重要部署。其中意义非同小可的一条：浙江被明确为全国首个高质量发展建设共同富裕示范区，要在推进以人为核心的现代化、实现全体人民全面发展和社会全面进步的伟大变革中发挥先行和示范作用。于浙江而言，这既是党中央赋予的重大政治责任和光荣历史使命，也是前所未有的重大发展机遇。浙江发展注入了新的强劲动力！

理论是实践的先导，高质量发展建设共同富裕示范区离不开理论创新。基于理论先行的工作思路，2021年5月，中共浙江省委与中国社会科学院联合启动了"浙江省高质量发展建设共同富裕示范区研究"重大课题研究工作。

两年多来，课题组在深入调查、潜心研究的基础上，形成了由13部著作组成、约260万字篇幅的课题成果——"高质量发展建设共同富裕示范区研究丛书"。这套丛书不仅全景式展现了浙江深入学习习近平总书记关于共同富裕的重要论述精神，扎实落实《中共中央　国务院关于支持浙江高质量发展建设共同富裕示范区的意见》的工作实践，而且展现了浙江在全域共富、绿色共富、对外开放、金融发展、产业体系、数字经济、公共服务、养老保障等共同富裕不同方面的特点和基础，也展现了浙江围绕示范区建设边学边谋边干、经济社会高质量发展取得的一系列新突破。

由 13 部著作组成的这套丛书，各有各的侧重点。其中，李雪松等著的《浙江共同富裕研究：基础、监测与路径》，从共同富裕的科学内涵出发，分析了浙江高质量发展建设共同富裕示范区的基础条件，提出了共同富裕的指标体系和目标标准。魏后凯、年猛、王瑜等著的《迈向全域共富的浙江探索》，从城乡协调、区域协调和乡村振兴角度，阐述了浙江打造城乡区域协调发展引领区的经验做法。张永生、庄贵阳、郑艳等著的《浙江绿色共富：理念、路径与案例》，由"绿水青山就是金山银山"发展理念在浙江诞生的历程入手，系统阐述了浙江践行绿色发展道路、打造美丽浙江，实现生态经济和生态富民的生动实践。姚枝仲等著的《高水平对外开放推动共同富裕的浙江实践》，重点阐述了浙江在高水平开放推动自主创新、建设具有国际竞争力的现代产业体系、提升经济循环效率、实施开放的人才政策、促进城乡和区域协调发展、发展文化产业和丰富人民精神文化生活、实现生态文明和绿色发展等方面的成效。王震等著的《基本公共服务均等化与高质量发展的浙江实践》，从公共财政、公共教育、医疗卫生、养老服务、住房保障等若干角度阐述了浙江公共服务高质量发展和均等化，进而构建激励相容的公共服务治理模式的前行轨迹。张翼等著的《共同富裕与养老保障体系建设的浙江探索》，在系统分析浙江人口老龄化的现状与前景的同时，阐述了浙江养老保障体系建设的总体情况。张晓晶、李广子、张珩著的《金融发展和共同富裕：理论与实证》，剖析了金融发展和共同富裕的关系，阐述了浙江金融发展支持共同富裕的主要经验做法，梳理了金融发展支持共同富裕的政策发力点。张树华、陈承新等著的《党建引领建设共同富裕示范区的浙江探索》，重点阐述了浙江坚持和加强党的全面领导，凝聚全社会共同奋斗推进共同富裕示范区建设的突出特色。冯颜利等著的《精神生活共同富裕的浙江探索》，阐述了浙江在探索精神生活共同富裕、公共文化服务优质均衡发展等方面的突出成绩。黄群慧、邓曲恒等著的《以现代化产业体系建设推进共同富裕的浙江探索》，在分析现代化产业体系对共同富裕的促进作用基础上，阐述了浙江产业体系相对完备、实体经济发展强劲对于推进共同富裕的重要保障作用。都阳等著的《人口老龄化背景下高质量就业与共同富裕的浙江探索》，从分析人口老龄化背景下浙江就业发展的态势入手，梳理了浙江促进高质量就业面临的挑战和路径举措。夏杰长、刘奕等著的《数字经济和服务业高质量发展的浙江探索》，聚焦浙江数字经济和服务业高质量发展，系统探究了浙江数字经济和服务业高质量发展促进共同富裕的机理逻辑、现实探索和困难挑战等问题。汪德华、鲁建坤等著的《共同富裕与财税政策体系构建的浙江探索》，围绕财税体制和财税政策，阐述了浙江在资金直达基层、"钱随人走"制度改革、市县财政收入激励奖补机制、"一事一议"财政奖补体制等方面取得的重要进展。

应当说，"高质量发展建设共同富裕示范区研究丛书"的撰写，也是中国社会科学院建设中国特色新型智库、发挥智库作用的一次重要探索。中国社会科学院始终坚持学术研究与对策研究相结合，理论研究服务于党中央和国家的需要。作为为党中央和国家决策服务的思想库，只有回应时代的呼唤，认真研究解决重大理论和现实问题，才能真正把握住历史脉络，找到发展规律，真正履行使命，推动理论创新。

中国社会科学院和浙江省有着长期良好的合作传统和合作基础，这套丛书是中国社会科学院和浙江省合作研究的又一结晶。在此前的两次合作研究中，2007年"浙江经验与中国发展——科学发展观与和谐社会建设在浙江"（6卷本）和2014年"中国梦与浙江实践"系列丛书，产生了广泛而深远的社会影响。

中共浙江省委始终高度重视此项工作，省委主要领导多次作出批示，对课题研究提供了大力支持。中国社会科学院抽调了12个研究所（院）的研究骨干组成13个子课题组，多次深入浙江省实地调研。调研期间，合作双方克服新冠疫情带来的种种困难，其间的线上线下交流讨论、会议沟通不计其数。在此，我们要向付出辛勤劳动的各位课题组专家表示衷心感谢！

  站在新的更高历史起点上，让我们继续奋力前行，不断谱写高质量发展建设共同富裕示范区浙江实践、共同富裕全国实践的新篇章。

"高质量发展建设共同富裕
示范区研究丛书"课题组
2024 年 1 月 3 日

前　言

　　现代化国家需要现代化产业体系的有效支撑。中国式现代化要使占世界18%的人口实现共同富裕，需要不断夯实人民幸福生活的物质条件，不能走"脱实向虚"的路子，这必然要求加快建设以实体经济为支撑的现代化产业体系。习近平总书记主持召开二十届中央财经委员会第一次会议发表重要讲话强调指出，现代化产业体系是现代化国家的物质技术基础，必须把发展经济的着力点放在实体经济上，为实现第二个百年奋斗目标提供坚强物质支撑。建设实体经济支撑的现代化产业体系，首先必须把握实体经济的准确内涵。基于产业分类看，一般意义的实体经济应该包括制造业、农业、建筑业、采掘业等产业，其中最为核心和主要的实体经济部分是制造业。从相对意义而言，金融业和剔除建筑业增加值部分的房地产业，是非实体经济。从本质上看，所谓经济的"脱实向虚"趋势主要问题就在于大量要素集中到金融业和房地产业而不能够有效流动到制造业等实体经济部门，尤其是资金在金融业内部多次循环显著加大实体经济融资成本，从而阻碍了实体经济良性发展。建立实体经济支撑的现代化产业体系，意味着围绕实体经济高质量发展形成科技—产业—金融的良性循环，使得科技创新在实体经济发展中的贡献不断提高，现代金融有效服务实体经济发展的能力不断加强，形成创新驱动实体经济发展、金融服务实体经济为本的现代化产业体系。具体而言，围绕实体经济支撑，建设现代化产业体系需要针对提高现代化产业体系的完整性、先进性、安全性和包容性发力。

一 巩固中国制造业体系完备的优势，建设具有完整性的现代化产业体系

中国目前是制造业体系最为完备、规模最大的国家。中国所拥有的由41个工业大类、207个工业中类、666个工业小类构成的工业体系，已经涵盖了联合国工业分类目录39个大类、191个中类、525个小类。中国制造业增加值已经连续13年居世界第一，接近全球制造业增加值的30%。制造业体系完备和配套能力强，是中国产业体系具有的巨大优势，这个优势保证了中国有效应对新冠疫情的供给冲击，彰显了经济韧性。中国产业体系完备性优势的形成，是中国成功推进工业化的结果。在社会主义革命和建设时期中国就建立了独立的比较完整的工业体系，改革开放以后又进一步推进了高速工业化进程，进入新时代从高速度工业化转向高质量工业化，最终形成世界最为完备的工业体系。另外，自20世纪末期以来，一些发达工业国开始"去制造业化"，同时在全球价值链分工背景下，这些国家的制造业开始在全球布局产业链和供应链，"去制造业化"和经济全球化对发达工业国家制造业体系的完备性产生了一定影响。

但是，随着百年未有之大变局深度演化，全球产业链供应链面临重组，以及中国进入工业化后期，制造业体系的完备性优势正在受到挑战和冲击。一方面，中国一些企业开始向东南亚转移，存在一些产业链外移以及制造业配套能力受损的风险；另一方面，在信息化、数字化和智能化浪潮冲击下，一些传统产业面临转型升级的巨大压力，而一些地方政府为了追求产业高级化，简单通过"一刀切"产业政策将传统产业作为低端产业淘汰。再加之中国"脱实向虚"趋势又在一定程度上恶化了制造业生存环境，进一步影响了中国制造业体系的完备性。因此，要巩固中国制造业完备性优势，一是要以国内产业转移替代国际产业转移，遵循国内版"雁阵理论"，积极

推进东中西部产业转移;二是通过现代化技术改造积极推进传统产业转型升级,不能简单将传统产业等于低端产业和落后产业而要求其退出;三是借鉴日本"母工厂"经验,鼓励企业在国内建设现代核心工厂,将核心制造能力留在国内;四是要注重产业集群建设,通过集群强化各类企业技术经济联系,提高制造业协作配套能力,巩固制造业体系完备性。

二 促进制造业智能化、绿色化和融合化发展,建设具有先进性的现代化产业体系

现代化是以现代科学技术的兴起、传播和应用为前提、动力和标志的,现代化产业体系一定是建立在先进的现代科学技术基础上的。当今世界正处于新一轮科技革命和产业变革的加速拓展期,从技术创新发展方向看,新一代信息技术、新能源、新材料、生物工程、绿色低碳技术等新兴技术正在重塑全球的技术版图、产业结构和竞争格局,数字经济与实体经济正在加速深度融合。从产业组织发展方向看,制造业和服务业正在深度融合、"1+2+3"或者"1×2×3"的六次产业发展方兴未艾,产业融合化代表着现代化产业体系的一个重要趋势。总体而言,在新一轮科技革命和产业变革大趋势下,现代化产业体系呈现出智能化、绿色化、融合化的先进性发展方向。

制造业是技术创新活动最活跃、技术创新成果最丰富、技术创新应用最集中、技术创新溢出效应最强的产业,制造业的先进性是现代化产业体系先进性的主要体现。对于中国制造业而言,虽然中国是全球制造产出第一大国,制造业体系在全球最为完备,但制造业发展呈现的是大而不强的特征,整体技术水平先进性还有待提高,制造业基础能力还不强,在基础零部件(元器件)、基础工艺、基础材料、基础技术、基础动力和基础软件等方面还存在大量短板,一些核心技术还受制于人,产业链总体处于全球价值链中低端。根据中国工程院2019年对26类代表性制造业技术先进性的分析,技术领

先和先进的分别有 5 类和 6 类，占到 42%，技术差距大和巨大的分别有 10 类和 5 类，占到 58%，总体上看中国制造业与国外先进水平还存在较大差距。因此，建设先进性的现代化产业体系，必须加快建设制造强国、质量强国、航天强国、交通强国、网络强国、数字中国，推进中国制造业沿着智能化、绿色化和融合化的方向实现从大到强的转变。中国的制造强国建设已经取得显著成就，例如，2022 年中国有 65 家制造业企业入围世界 500 强企业榜单，专精特新中小企业达到 7 万多家，高技术制造业占规模以上工业增加值比重为 15.5%，装备制造业占规模以上工业增加值比重为 31.8%，已培育 45 个国家先进制造业集群，新能源汽车、光伏产量连续多年保持全球第一。从未来进一步建设具有先进性的现代化产业体系看，中国需要全面推进制造强国建设的各方面重大措施，包括深入实施产业基础再造工程和重大技术装备攻关工程，完善国家质量基础设施，加快构建现代化基础设施体系，积极推动战略性新兴产业融合集群发展，着力打造具有国际竞争力的数字产业集群，实施绿色制造工程和推进工业交通各领域清洁低碳转型，加快推动现代服务业同先进制造业、现代农业深度融合，有效促进数字经济和实体经济深度融合，大力发展世界一流企业和专精特新企业，进一步优化产业链供应链发展环境，等等。

三　完善新发展阶段的产业政策，建设具有安全性的现代化产业体系

长期以来各国产业政策的基本定位是如何促进本国产业发展。然而，当今世界进入新的动荡变革期，世纪疫情影响深远，逆全球化思潮抬头，单边主义、保护主义明显上升，世界经济复苏乏力，局部冲突和动荡频发，全球性问题加剧，产业安全问题日益凸显。部分国家已经开始以立法或者行政指导方式明确产业安全政策在经济政策体系中的前置功能和基础地位。例如，近几年日本正尝试推动

产业链供应链安全方面的立法，自民党政务调查会发布的《"后新冠时代"社会经济发展构想建议书》明确提出，要推动制定日本在经济安全保障方面的法律《经济安全保障综合推进法》。2023年2月美国众议院和参议院分别提出了供应链安全与韧性法案等有关产业链供应链安全的最新立法提案。

中国迈向中国式现代化新征程，需要加快构建新发展格局，增强发展的主动权。习近平总书记明确要求切实提升产业链供应链韧性和安全水平，打造自主可控、安全可靠、竞争力强的现代化产业体系。如何统筹产业发展与产业安全，是新发展阶段产业政策需要回答的关键问题。在统筹发展与安全理念指导下，中国需要加快调整完善产业管理体系和产业政策体系，以有力应对逆全球化"脱钩""断链"、数字化驱动的产业链供应链重构、"卡脖子"技术供给能力不足、劳动密集型产业过快向外转移、工业基础原材料和能源供给冲击等多重因素叠加可能引发的重大产业安全风险。为了建设具有安全性的现代化产业体系，需要把维护产业安全作为重中之重，可以考虑以立法或行政指导的方式，确立产业安全政策是中国各项产业政策、科技政策、竞争政策、贸易政策等的前置基础性政策，强化产业安全政策对中国制造业发展规划、重大科技专项、反垄断等各项微观经济政策制定实施的指导和协调作用；进一步考虑探索建立完善多部门参与、定期的、常态化的关于产业安全的战略决策和政策制定机制，围绕产业安全要完善决策信息支撑机制，建立完善专业化的产业安全信息情报收集和动态评估体系。当然，强调现代化产业体系的安全性，绝不意味着封闭，绝不是闭门造车，而是要积极探索在开放经济体系下如何有效提升国家产业安全水平、提高产业链供应链韧性的路径。最后还需要明确的是，现代化产业体系的安全性、完整性、先进性是紧密联系的，完整性和先进性可以促进和提升产业体系的安全性，是安全性的体现和要求，而产业体系安全性又是建设完整性和先进性产业体系的前提和保障。

四 充分把握人口规模巨大和全体人民共同富裕的中国式现代化特色，建设具有包容性的现代化产业体系

中国式现代化是人口规模巨大的现代化，是全体人民共同富裕的现代化。人口规模巨大是中国的基本国情，全体人民共同富裕是社会主义现代化的本质要求，中国式现代化要在人口规模巨大的基本国情上实现全体人民共同富裕的现代化目标。推进全体人民共同富裕的现代化，要协调好解决共同富裕问题与现代化建设的关系，要将实现共同富裕这个长期的历史过程与中国式现代化进程有机结合。推进十四亿多全体人民共同迈进物质富裕、精神富有的社会主义现代化社会，这是人类历史上前所未有的伟大实践，任务十分艰巨复杂。建设现代化产业体系，推进中国式现代化，既要满足人口规模巨大的这个"条件约束"，又要满足实现全体人民共同富裕这个"目标函数"，这就要求建设现代化产业体系过程中要注重把握过程的包容性。

从世界范围看，各国现代化都是一个追求富裕的发展过程，但中国式现代化是要追求全体人民共同富裕的发展过程，要使现代化成果更多更公平惠及全体人民、坚决杜绝两极分化。要将实现共同富裕这个长期的历史过程与现代化进程有机结合。正如习近平总书记所指出："我们不能等实现了现代化再来解决共同富裕问题，而是要始终把满足人民对美好生活的新期待作为发展的出发点和落脚点，在实现现代化过程中不断地、逐步地解决好这个问题。"[①]

从工业化进程看，中国的整体工业化进程已经步入后期，人口规模巨大的低成本劳动力供给优势正在逐步转向巨大人口资源所形成的超大规模的市场需求优势，新型工业化战略需要从基于低成本比较优势的传统工业化道路转向基于技术创新优势的新型工业化道路，

[①] 习近平：《论把握新发展阶段、贯彻新发展理念、构建新发展格局》，中央文献出版社 2021 年版，第 503 页。

构建新发展格局的本质特征也正是要求把中国超大规模市场优势转为高水平自主创新优势。

但是，在推进新型工业化追求技术先进性、建设现代化产业体系的过程中，必须注重过程的包容性。20世纪80年代以来，随着数字化、经济全球化和去制造业化的趋势明显，发达国家大多都呈现出收入差距逐年扩大的趋势。中国建设现代化产业体系，是以数字化、经济全球化和去制造业化趋势为大背景的，技术升级转型也必然带来大规模就业岗位转换，由此而产生的收入差距扩大问题也会比较严峻。这就更加要求建设现代化产业体系，要注重过程包容性，新型工业化一定是创新驱动的、可持续的、包容的工业化，建设现代化产业体系要体现推进共同富裕的基本要求。

为此，一方面，要十分注意避免建设现代化产业体系进程中的"极化效应"，技术创新要考虑社会责任，推进制造业高级化、数字化转型升级过程中，要注意弥补"数字鸿沟"，使得更多人群参与到现代化产业体系的建设和发展过程中；另一方面，要不断完善分配制度，坚持按劳分配为主体、多种分配方式并存，构建初次分配、再分配、第三次分配协调配套的制度体系，通过分配制度的完善来提高现代化产业体系、推进中国式现代化的包容性，使得全体人民都能够分享到现代化产业体系发展的成果。

目 录

第一章 产业体系对共同富裕的促进作用 ……………… 1
 第一节 产业体系发展的历史经验 ……………………… 1
 第二节 产业体系发展的国际经验 ……………………… 5
 第三节 产业体系促进共同富裕的路径 ………………… 23

第二章 优化产业结构 …………………………………… 35
 第一节 产业结构演进 …………………………………… 35
 第二节 做实做优做强实体经济 ………………………… 46
 第三节 发展先进制造业和现代服务业 ………………… 53
 第四节 政策建议 ………………………………………… 61

第三章 以产业集群推动共同富裕 ……………………… 66
 第一节 产业集群与经济增长和收入差距 ……………… 66
 第二节 浙江产业集群的发展 …………………………… 74
 第三节 产业集群与浙江共同富裕 ……………………… 90

第四章 提高现代产业体系的包容性 …………………… 100
 第一节 技术进步与扩大就业并存 ……………………… 100
 第二节 发展壮大民营经济 ……………………………… 109
 第三节 推动数字经济快速发展 ………………………… 124

第四节 提高现代产业体系包容性的政策建议 …………… 136

第五章 浙江产业体系的全国辐射效应 …………… 142
 第一节 跳出浙江发展浙江 …………… 142
 第二节 浙江产业体系的辐射效应现状 …………… 154
 第三节 产业体系转型升级助力双循环 …………… 167
 第四节 发挥产业体系辐射效应的政策建议 …………… 180

参考文献 …………… 193

后　记 …………… 199

第一章 产业体系对共同富裕的促进作用

第一节 产业体系发展的历史经验

作为社会主义的本质要求和中国式现代化的重要特征，共同富裕的目标是经济增长的成果为全体人民共享，人民群众的物质生活和精神生活均实现富裕，而非少数人的富裕和整齐划一的平均主义。因此，"富裕"是共同富裕目标的基础内容，"共同"则是更深层次的要求。第一次工业革命后，人类社会逐步由农业文明迈向工业文明，产业体系成为经济发展的主导力量。在社会生产大变革的进程中，诸多经济学家围绕"求富"等目标，对产业发展、国家富强等问题研究提炼出一般性经济理论，指引后世经济进一步的发展。于中国而言，实现共同富裕的大目标需要依托现代化产业体系，这些载入史册的经典理论对于目标的探索则具有重要意义，因此，本节将围绕产业体系演进规律、产业体系与国家发展、产业体系与贫困三个相关方向，结合经典理论总结其中的历史经验。

一 产业体系演进规律

产业的兴起是现代经济的标志之一，对于演进规律的探索则成为产业体系研究的基础。17世纪，英国经济学家威廉·配第便通过对英国、法国与荷兰的考察发现制造业和商业的发展提高了人均收入水平。其后到20世纪30年代，英国经济学家科林·克拉克在《经济进步的条件》一书中结合美国、英国、印度等多个国家产业和就业的数据发现：19世纪70年代至20世纪30年代几乎所有国家第一产业占比都有所下降，反之第二、第三产业占比提升。这一发现最终被概括为"配第—克拉克法则"：伴随经济发展，一国的国民收入和劳动力的相对比重将先在第一产业中逐步下降，随之在第二产业中上升；发展至一定水平时，第三产业国民收入和劳动力的相对比重也将逐步上升。而产生这一过程的原因在于产业附加价值的相对差异。"配第—克拉克法则"因此成为现代产业体系演进的逻辑基础，后世经西蒙·库兹涅茨等学者的完善，最终形成三大产业结构演变的一般规律，以及各国产业规划的理论基础。

二 产业体系与国家发展

工业革命使全球经济步入现代化发展，但也造成实现工业化的发达国家同尚未实现工业化的欠发达国家之间的分化。因此，与产业体系演进规律的研究相伴，产业体系与国家发展成为一个更为现实的议题，特别是发展中国家自身产业体系的建设，至今依然是一项尖锐的国际问题。早在第一次工业革命期间，马克思和恩格斯就指出：取得民族独立是不发达国家开展工业化、发展产业的前提，社会主义革命则是实现民族独立的可行路径。实现民族独立并建立社会主义制度后，不发达国家通过建立生产资料公有制，发展国有合作经济，来启动独立自主的工业化进程。[①] 而在产业发展方向上，20世纪30年代，日本经济学家赤松要基于日本作为后进工业国家的现实情况，提出"雁行理论"，即后进工业国家在与先进工业国家存在明显比较成本差异时，不仅要通过出口初级产品换取工业制品，与

---

① 参见赵江林等《马克思主义工业化理论及其在亚洲的实践》，中国社会科学出版社2016年版，第45—47页。

先进工业国家形成分工互补，还要引进技术，推进工业建设。其后伴随工业体系完善，形成进口替代效应，在减少工业制品进口的同时开始产业升级。产业体系完成升级后，此时本国转变为先进工业国家，再向其他后进工业国家出口工业制品。这一形态以国家间比较优势的动态变化为基础，后进工业国家通过"进口—国产—出口"三个阶段逐步迈向先进工业国家。"雁行理论"对于东亚、东南亚地区发展中国家的产业发展提供了一定参考。20世纪70—80年代，美国经济学家霍利斯·钱纳里在更为宏观的层面提出了"发展型式理论"，并指出一个国家的产业发展将经历三个阶段：以农产品为主的初级阶段、以制造业为主的工业化阶段和以科技产品为主的发达经济阶段。

总结上述理论，马克思和恩格斯首先点明了后进国家建设产业体系的先决条件：独立自主，赤松要则提出了后进国家引进先进技术实现"弯道超车"的可能路径，而钱纳里更是为不同国家提供了产业发展的"标尺"。这些理论也成为各个国家产业体系建设的重要参考。

三　产业体系与贫困

现代社会下，产业体系成为经济增长的支柱，但是经济增长却并未产生"涓流效应"，反而加剧了发达国家与发展中国家、富裕人群与贫困人群之间的发展差距。于是产业发展与贫困成为一项世界性议题。20世纪50—60年代，美国经济学家西蒙·库兹涅茨将产业部门划分为农业部门和非农业部门，后者内部不平等程度更高，在经济发展初期的扩张将加剧收入分配的不平等；但随着经济水平提升，非农业部门居于主体后，扩张产生的边际影响将缩小，配合分配政策的实施，整个社会的不平等水平将趋于稳定直至下降，使经济增长与收入不平等之间形成倒U形"库兹涅茨曲线"。这一理论揭示经济增长与收入不平等的潜在关系，但是，由于大多数发展中国家的收入不平等并没有因产业发展和经济增长而缓解,"库兹涅茨曲线"的拐点是否存在依然充满争议。对于发展中国家的贫困问题,阿根廷经济学家劳尔·普雷维什在1949年提出"中心—外围理论"进行了解释,即资本主义生产体系下的国际分工使先行取得技术进步的国家形成多样性的产业结构,涵盖资本品、中间产品和最终消费品,成为世界的"中心";处于落后地位的国家则形成以初级产品生产部门为主的单一产业结构,逐渐成为世界的"外围"。"外围"国家的产业发展依赖"中心"国家,成为其附庸,从而陷入长期的两极分化,所以"外围"国家必须自力更生,推动国际新秩序,才能促进自身的产业发展。

作为当下普遍面临的挑战,贫困问题的缓解最终还是需要依靠产业发展,改善经济结构,实现"包容性增长"。"包容性增长"理论由亚洲开发银行于2007年提出,是对钱纳里等学者所提出的"亲贫式增长"的进一步升级,其核心理念有两个方面:①机会平等与成果共享;②在可持续发展中实现经济社会协调发展。基本要义则包括四点:①经济增长;②权利获得;③机会平等;④福利普惠。[①] 也就是说,包容性增长的主要目标依然是经济增长,但是增长过程中必须革除权利贫困和社会排斥,促进机会平等,从而能够使贫困群体更多地受惠,福利得以持续改善,民众的实质自由于保障中扩展。相应的措施则需要从科技创新、优化社会资源配置、强化政府职能、促进充分就业及建设共享型社会五大方向对应展开。

综上所述,库兹涅茨、普雷维什等学者提出的经济理论表明贫困问题既存在于每个国家的内部,也因历史原因存在于发达国家与发展中国家之间。产业发展虽不能自发解决贫困,贫困的治理却离不开产业的力量,"包容性增长"理论给出了其中的前进方向,也是中国建设现代化产业体系、实现共同富裕的必经路径。

---

① 杜志雄、肖卫东、詹琳:《包容性增长理论的脉络、要义与政策内涵》,《中国农村经济》2010年第11期。

四 理论总结

第一次工业革命以来，在人类社会百余年的经济发展中，产业始终是最为核心的力量，学者们围绕产业发展也形成了丰富的经济理论，为后世提供丰富的历史经验。这些经验表明：①产业发展必须要遵循其演进规律，由第一、第二、第三产业层层递进。②贫困问题是现今各国经济发展共同面临的问题，居于弱势的发展中国家要推进产业发展，必须实现独立自主。③人均收入能够作为国家产业发展的标尺，以此为参照，引进先进技术是发展中国家追赶发达国家的必要路径。④缓解贫困不仅需要依靠产业发展带动经济增长，同时还要在机会平等、福利普惠等方面改善社会条件，促进"包容性增长"的实现。中国用几十年时间走完了发达国家几百年走过的工业化进程，跃升为世界第二大经济体。"包容性增长"的理念与中国共同富裕战略的目标不谋而合，在今后的发展过程中，现代化产业体系将是落实其中措施的主要力量，为此需要更进一步结合"包容性增长"理论等各方的历史经验进行推进。

第二节 产业体系发展的国际经验

第二次世界大战之后，民族独立浪潮在全球兴起，现代世界格局逐步形成，如何建设自身的产业体系也成为包括中国在内的后起国家经济发展的核心内容。时至今日，中国的现代化产业体系建设依然在如火如荼地进行，要进一步深化使之更好地服务于共同富裕战略，还需要向已取得成功的国家汲取经验。本节将选取现代世界格局下代表性的美国、德国、日本和韩国四个国家，通过展现其在第二次世界大战后的产业体系建设历程，来为中国现代化产业体系和共同富裕的目标提供实践参考。

一 美国产业体系的发展经验

第二次世界大战结束后,美国不仅成为全球综合国力最强大的国家,也成为世界经济发展的核心。作为第二次工业革命的发源地之一,美国在第二次世界大战前已经建成成熟的产业体系,战后很快进一步升级,成为第三次工业革命的引领者。因此,科技化是美国产业体系发展的特征,其产业升级历程也可大体分为三个阶段。

1. 传统产业扩张阶段(20世纪40—50年代)。19世纪后期,美国依托廉价的铁矿石和煤炭、充裕的劳动力、广阔的市场和科技的进步,形成以钢铁产业为基础,涵盖汽车、军工等多部门的完整产业体系。第二次世界大战结束后,世界各国的重建使全球钢铁需求激增,美国钢铁产业迎来新一轮扩张,至1950年其钢铁产量的全球占比达到47%。[①] 随着战后美国削减国防开支,大量军用科技和资本开始转型,进入汽车、家电等民用消费品市场,美国制造业也因此达到顶峰,20世纪50年代其增加值占GDP比重一度达到28.3%,部分产业如汽车的国产率接近95%,出口则超过进口近8倍。受益于传统工业的扩张,美国农业也在同期正式步入机械化生产,以大功率拖拉机、新式施肥机为代表的农用机械大规模普及,使得农业生产效率大大提升,大农场、大机器开始成为主要生产模式。伴随机械化的普及,农业的劳动力需求逐步降低,大量劳动人员流入服务业,服务业开始超越工业成为吸纳就业的"蓄水池"。其间伴随工业发展,生产性服务业逐步替代传统服务业成为支柱,尽管GDP增速不及工业,但GDP占比在1947—1959年依然超过55%,吸纳就业人员数量超过工业近1倍(1959年),为后续科技产业的兴起奏响前奏。

2. 科技产业扩张与去工业化阶段(20世纪60年代至21世纪

---

① [美]乔纳森·休斯、[美]路易斯·凯恩:《美国经济史》,杨宇光、吴元中、杨炯、童新耕译,格致出版社、上海人民出版社2013年版,第652页。

初)。20世纪60年代开始,美国传统工业中的大企业不断扩张兼并,使小规模生产者逐渐消失,导致农业人口减少,蓝领工人逐步流向服务业。资本密集型产业集中发展,劳动密集型产业陆续迁往偏远地区甚至海外。步入70年代,劳动成本的快速上升使钢铁业、制造业等传统工业生产成本增加,伴随生产机械化的普及,传统工业资本一方面倾向于进一步的产业升级,另一方面也逐渐将产业迁移至海外,甚至在海外直接投资建厂。在此期间,贝尔实验室的三位科学家约翰·巴丁(John Bardeen)、沃尔特·布拉顿(Walter Brattain)和威廉·肖克莱(William Shockley)于1947年发明了晶体管,不久便应美国军事、航天等部门所需,获得大量资金支持,从而将晶体管核心材料由锗升级为硅。美国半导体产业自此崛起,至20世纪70年代末在全球半导体和集成电路两项产业中,美国的销售份额分别占到59%和74%。以半导体产业为基础,美国继续拓展出芯片产业,成为领跑者,一批核心企业如英特尔、AMD、高通至今仍是全世界芯片生产的龙头。有了半导体和芯片产业,二者的结合——计算机和软件产业很快转入商用:1960年新兴企业数字设备公司(DEC)制造出第一台小型计算机,计算机技术开始向制造业普及;1964年IBM公司制造出模块式计算机360系统,解决了不同家族计算机的兼容问题,使其元器件得以标准化生产,并反向推动计算机产业与上游半导体产业整合。1971年,英特尔公司首先推出商业微型计算机(PC机),其通过微处理器技术使计算机的核心——芯片得以通用化,计算机自此真正走入千家万户,成为普遍意义的家用电器。PC机的量产带动了软件产业新一轮的爆发,以70年代末IBM公司的PC机和微软公司的MS-DOS系统绑定为标志,计算机与操作系统的标准化搭配为今后家用计算机市场奠定格局。20世纪90年代万维网(World Wide Web,WWW)的出现,使得互联网科技成为集大成者,计算机的应用因此再上一个台阶。互联网科技打破了产品生产的信息壁垒,美国将新技术和管理经验不断与实践结合,并通过持续发掘新领域,使其始终处于市场领先者的地位。最终,在这一阶段,美国形成了涵盖上下游的"半导体/芯片—计算机/软件—互联网"高科技产业体系,也在全球引起了第三次工业革命。受科技产业影响,农业和服务业在升级过程中继续改变着产业形态。农业在20世纪60年代全面步入现代化,各方面均实现集约化生产,2000年农业GDP是1968年的近6倍,劳动力投入却仅为1968年的32%,呈现高生产率的特点。服务业则是科技要素持续增强,2000—2005年信息技术产业累计增长率达到32.5%,约为同期GDP增幅的3倍;2006年服务业已有半数产值集中在信息技术、专业和科技服务、零售贸易领域,成为支柱产业。

科技产业虽然在美国蓬勃发展,但也使美国形成了产业置换的惯性,即借助国际产业链分工,将工厂外包,本土仅保留研发及运营人才。特别是20世纪70年代,战时红利的消退、布雷顿森林体系解体、经济滞胀等一系列问题导致美国固定资产投资大幅削减,传统工业区居民因产业外迁逐渐陷入结构性失业,造成东西海岸与传统工业区之间对立,以及贫富差距加剧,形成严重的制造业空心化问题。并且在克林顿总统执政时期,《北美自由贸易协定》的签订,进一步使传统产业面临更为严峻的低价竞争;政府为缓解萧条而推行的放松监管等政策,也使金融、房地产等虚拟产业加速扩张,挤压制造业的空间。

3. 创新经济探索与寻求再工业化阶段(21世纪初至今)。进入21世纪,其他发达国家的科技产业也各自成熟,加入全球竞争。面对科技领域的竞争,美国将未来战略规划方向转向"创新"和"竞争力",开始为创新经济布局。以计算机、信息技术产业为主体,政府参与企业研发,鼓励产业界、学术界和社会各方力量共同参与科技发展,实现产学研融合。2006年,美国出台《美国竞争力计划》,意在科研和教育领域加大投入,在数学、技术、工程等领域强化人才培养。2009—2015年,美国再次出台《美国国家创新战略》,将先进制造、精密医疗、清洁能源和节能技术等九大方向列为战略重点。除了参与科技攻关,美国政府还在服务领域发力,通过研发税收优惠政策、拓宽研发融资渠道等措施,提高企业向科技创新领域投资的积极性,使得创新经济能够快速成长。在此背景下,美国取得了一系列创新成果,例如研制出世界上最小的纳米电动机,发射"勇气号""机遇号"等探测器成功登陆火星,首次向国际空间站发射商业飞船等。这些使得美国的GDP增长中,有超过50%来源于创新,创新也成为美国产业体系的新标志。

但是,创新产业的兴起依然无法掩盖制造业空心化问题。2007年爆发次贷危机,作为对金融和房地产业过度扩张的反思,奥巴马政府在2009—2012年连续出台了《重振美国制造业框架》《美国制造业促进法案》等规划文件,提高对汽车、能源、化工等中端制造业的扶持力度,皆在"重振制造业"。特朗普政府期间则专门出台《先进制造业国家战略2018》,一方面通过降低企业所得税和个人所得税等放松刺激吸引资本和制造业回流,另一方面通过制造中美贸易摩擦为美国制造业争取市场。这些政策虽然在初期取得了一定效果,但从2019年开始,政策效力逐渐消退,之后2020年开始的新冠疫情冲击更是使之折戟。在积重难返的背景下,美国再工业化的推进仍然面临着极大的挑战。

综上,作为全球科技的领导者,第二次世界大战后美国的传统工业在短期内即扩张至巅峰,随后高科技产业很快取代其成为主流,并向多个领域延伸。21世纪以来美国又在科技创新的过程中形成创新经济,领跑世界,这为中国建设现代化产业体系、推动共同富裕的战略,提供了重要参考。但是,我们也要注意美国产业发展中放任制造业外流所产生的空心化问题,作为经济长期增长的动力源泉和产业科技创新的载体,制造业与服务业的协调于现代化产业体系建设,乃至共同富裕战略都是关键的一环。

二 德国产业体系的发展经验

德国是第二次工业革命另一大源起国,在第二次世界大战前同样建立起以工业为核心的产业体系。第二次世界大战后,德国被美、苏、英、法四国占领,并在1949年分裂为联邦德国(西德)和民主德国(东德),各自经过改造后开始重建产业体系。在1991年统一之前,联邦德国和民主德国基于不同的政治结构,各自取得发展,共同为统一后德国产业的重新崛起打下基础。而总览德国第二次世界大战后的发展历程,又基本可分为四个阶段。

1. 战后恢复阶段(20世纪40—50年代)。1949年分裂后,联邦德国获得了来自美国"欧洲复兴计划(马歇尔计划)"的战后恢复资金,随着1951年《工商业经济投资补助法》落地,联邦德国完成货币改革,开始实行"社会市场经济"制度,重建市场经济。战后德国整体的工业水平大幅下降,但由于纳粹政府在第二次世界大战期间推行工业军事化,以战争为目的在现代武器、通信技术、合成材料等领域进行了大规模研究和应用,极大提升了工业生产能力,故而1945年战争结束时,德国工业设备资产的总值仍比1936年高出20%。[①] 同时,德国80%以上的煤炭、钢铁工业集中在鲁尔地区,战后该地区被英国占领并划入联邦德国,其中的联合钢铁公司、克虏伯公司等大型垄断企业被强制拆分,大量军事工业转为民用。以此为基础,配合西方三国的援助,联邦德国战后得以较快地重启电力、钢铁等重工业,并在短期内即向汽车、机械装备制造等领域延伸。1952—1959年,联邦德国工业年均增长率达到8.9%,实际GDP增长近8%,对外出口也在1948年由煤炭、原材料升级为钢铁、化工、机械等制成品。相比之下,民主德国无论领土还是人口都远不及联邦德国,矿产资源也只有褐煤、钾盐、铀矿和少量有色金属,

---

[①] 吴友法、黄正柏、邓红英、岳伟、孙文沛:《德国通史·第六卷 重新崛起时代(1945—2010)》,江苏人民出版社2019年版,第2650页。

工业发展基础先天薄弱。但是民主德国通过一系列有效政策，也拥有了先进的技术，建立起自身的产业体系。1951年之前，民主德国主要围绕建立社会主义公有制下的计划经济管理体制，制订经济计划以恢复经济。1948年下半年，民主德国实施了计划经济的半年计划，并于1949年又实施了两年计划，使得国家工业生产能力恢复至1936年的81%。这一期间政府主要围绕重工业，优先发展冶金、化学和褐煤开采产业，以建立钢铁、煤炭的生产基地。1950年民主德国提前完成两年计划，国家工业基本恢复至战前水平，随后从1951年开始，又先后启动两个五年计划。民主德国第一个五年计划以国民收入提高至1950年的160%为目标，继续推进冶金、机器制造、化学、能源等产业，至1955年计划完成时，工业产值较1936年翻了一番。1956年民主德国启动第二个五年计划，进一步向造船、石油化学工业等产业拓展，到1958年时，其化学工业总产量达到世界第七位。经过两个五年计划，民主德国的经济增长率基本稳定在5%—10%，工业总产值则较计划实施前增长近2倍，自身产业体系基本成型。

2. 产业崛起阶段（20世纪60—80年代）。20世纪60年代开始，联邦德国步入经济高增长阶段，成为后世所赞誉的"经济奇迹"。彼时联邦德国一是形成基于工业制成品的出口导向型繁荣，出口占产出的比重由8.5%（1950年）提升至14.6%（1960年），国家以此积累大量黄金外汇储备，至1965年成为欧洲第一。二是1955—1965年，工业的增长吸引了大量对内投资，冶金、采矿、钢铁等传统工业陆续采用新技术替代旧技术，启动产业升级。工业占GDP的比重也在20世纪60年代初提高至53.2%，达到顶峰。工业体系的成型，让农业也得到发展：农业在20世纪60年代中期基本实现现代化，化肥和农用机械被普遍使用，如1975年化肥和拖拉机使用量分别达到410.7万吨及144.42万台，前者较1950年增长近2倍，后者则增长近12倍；1970年的劳动生产率较1950年提升近4倍。凭借产业体系建设的成功，联邦德国成为彼时欧洲第一、世界第二大经济体。

20世纪80年代，为应对"滞胀"问题，联邦德国针对社会市场经济做出新的调整，着力提高就业，放宽市场，鼓励私人投资。这轮改革使联邦德国走出通胀，在20世纪80年代将微电子、数据处理、自动控制等新科技陆续应用于生产，劳动生产率得到进一步提升。1962—1981年，联邦德国工业从业人员大约减少10%，工业净产值却增加约91.6%，劳动生产率更是提高约189.3%。在此基础上，联邦德国进一步在煤炭、钢铁等产业内部，通过兼并重组优化产能，并积极引进新技术，不仅使自身于汽车制造、化学、微电子、机器人等产业领域跻身世界前列，也使鲁尔区升级为全球重要信息技术中心，并额外建成北部工业区（汉堡、不来梅为核心）、西南工业区（法兰克福、斯图加特为核心）等多个新型工业区。

民主德国在1963—1970年进行了新经济体制改革，以应对经济波动，该项改革使国民收入年均增长率由3.4%提高至5.2%。随后，民主德国开始将科技与生产紧密结合，通过科技研发提高劳动生产率，以应对投资不足和劳动力流失。其科研经费占GDP比重由3%（60年代）提升至4%（80年代），科研成果由4500项（1970年）提升至49780项（1985年）。最终，民主德国在1975年超额完成五年计划，生产性国民收入提高31.1%，工业商品生产增长37%，1989年劳动生产率较1949年提高9.5倍，与英国相当。同样，民主德国也依托工业基本实现农业现代化，在人均0.37公顷的可耕地上实现了粮、肉、蛋、奶等食品的高水平自足，农业合作社通过实行工资制保证城乡同步发展。至此，民主德国也成为第十大工业国，科技水平在全球也居于领先地位。

3. 统一后的过渡阶段（1991年至21世纪初）。1991年10月3日，两德统一，当代德国诞生。在这一阶段，德国总体围绕两个方向进行产业体系建设：一是援助原民主德国地区。虽然两德在统一前拥有相似的产业结构，在钢铁、机械等制造业领域重合度很高，但统一后却未能形成"1+1>2"的效果。在1991—1994年的私有化改制中，原民主德国地区大约 1.4 万家国有企业被私有化，3600 家企业关闭，大批工人失业。[1] 为此，德国一方面通过大量基础设施建设来为东部提供就业机会，如 1994 年建造柏林至汉堡的磁悬浮高速列车；另一方面大力向东部进行投资，仅 1991 年投向原民主德国地区资金就有近 100 亿马克，西门子、大众、奔驰等众多企业也先后向原民主德国地区投资多项 10 亿元规模以上的工业项目。二是振兴制造业。联邦德国在 20 世纪 70 年代后开始出现去工业化趋势，统一后，德国制造业占 GDP 比重从 36.5%（1970 年）降至 23%（1994 年）。为提振制造业，德国一方面通过政府干预，遏制下行趋势，例如施罗德政府在 2000 年前后对企业进行多方面减税；另一方面推动制造业与服务业协调发展，让产品、设备的生产与技术培训、售后服务等生产性服务捆绑配套，形成特色化产业。总体而言，对原民主德国地区的援助短期内加重了德国的财政负担，使其 1993 年 GDP 增速甚至较上年降低 1.1%，但振兴制造业的努力也最终使得德国制造到 2014 年依然拥有 22.3% 的 GDP 占比，高于法国（11.4%）、英国（9.4%）和欧盟国家平均水平（15.3%），居欧洲之首，成为世界制造业强国。

4. 未来产业探索阶段（21 世纪初至今）。为追赶与美国在信息科技产业上的差距，德国于 20 世纪 90 年代中期便积极发展计算机和信息技术，开启新一轮产业升级。2006 年，德国提出《德国高科技战略（2006—2009 年）》，将能源、健康、生物技术等 17 个领域设定为未来新兴产业的发展方向。2010 年，德国又提出《德国高科技战略 2020》，针对性地将气候和能源、健康和食品、交通工具、安全及通信五大领域列为战略性的"未来项目"（future project）。直到 2011 年，德国在世界范围内率先提出"工业 4.0"战略，[2] 谋求信息

---

[1] 吴友法、黄正柏、邓红英、岳伟、孙文沛：《德国通史·第六卷　重新崛起时代（1945—2010）》，江苏人民出版社 2019 年版，第 2857 页。
[2] 《从〈国家工业战略 2030〉看德国当下产业政策的成败得失》，2019 年 11 月 8 日，澎湃新闻，https://www.thepaper.cn/newsDetail_forward_4889116。

技术产业同制造业的融合。"工业4.0"战略有两大重点：一是在制造业中引入信息和通信技术、微电脑技术，使制造业由互联化向物联化升级；二是引入信息物理系统（CPS），借助网络和计算机技术，让工业的资源、信息、物品彼此间组合成物联网络，实现数字化升级。为此，德国选择汽车、机械制造、信息技术等产业作为重点，一方面，鼓励企业参与高技术园区建设，形成国家投资型、混合经济型、私人企业型等多种形式的研究院、工业园和企业创新中心，推动技术交流转化，培育新型企业；另一方面，推进科技中介服务机构建设，通过成立工商会或者联合会，为企业提供科技交流、技术咨询、技术培训等全方位服务，让企业能够专注于生产。在这些政策支持下，德国1999年研发投入占GDP比重达到2.5%，其中约95%来自制造业；2011年研发投入中约86.7%发生在制造业，制造业企业研发强度达到9.7%，远高于其他行业0.4%的平均水平。[①] 凭借精湛的制造业，德国最终在信息通信、人工智能等多个领域领先世界，成为"高端智造"的象征，并通过科技研发与新兴产业的循环并进，稳步向前，保持世界产业强国的地位。

综上所述，德国在第二次世界大战之后也是从煤炭、钢铁等传统工业起步，一步步升级至高科技产业。审时度势和前瞻规划，是德国能够走出具有自身特色的"社会市场经济"道路，即"莱茵模式"，取得不同于英、美的产业发展道路的关键，也是其重新实现统一、回归世界经济强国的要点。于中国而言，在共同富裕的大战略下，我们需要坚持中国特色社会主义，依据自身发展条件，建设具有中国特色的现代化产业体系。

三 日本产业体系的发展经验

日本是亚洲第一个工业国家。19世纪明治维新后，通过对内改

---

① 郑春荣、望路：《德国制造业转型升级的经验与启示》，《人民论坛·学术前沿》2015年第11期。

革和对外发动侵略战争，日本取得了工业化的原始积累，并于第二次世界大战前基本建立起产业体系。所以战后日本的产业发展首先是战后重建，其次才是产业体系的升级；依此，日本在第二次世界大战后的产业体系建设可分为四个阶段。

1. 战后恢复阶段（20世纪40—60年代）。第二次世界大战后，日本采取了倾斜生产方式，将煤炭工业和钢铁工业作为重点产业，以恢复工业部门，并实施土地改良政策，以恢复粮食生产。进入20世纪50年代中期，日本产业发展开始面临电力不足、铁路运力不足和粗钢供给不足的问题，且电力不足首当其冲。[①] 于是，日本在1956年制订了"电力五年计划"，展开以电力工业为核心的能源产业建设，并将火力发电作为重心。大容量火力发电站的建设带动了仪表、自动化机器等部门的壮大，并且随着发电规模成型，石油加工设备行业也逐步兴起。石化产业的发展降低了石油加工和制成品的成本，推动电力行业用石油替代煤炭作为原材料。能源成本降低和原材料需求增加，配合丰富的廉价劳动力，推动造船业作为新兴产业被开拓，并带动炼钢产业启动升级。在一连串的设计下，以电力工业为基础，日本于1955年后逐渐恢复了以石油加工、石油化工、钢铁、造船等为主导的产业体系，步入工业上升期。1955—1957年，日本出现第一次经济发展高潮，史称"神武景气"，彼时工矿业生产水平比第二次世界大战前平均水平高出90%，国民生产总值年平均增长率达到7.8%，为后续的崛起积蓄了力量。

2. 崛起阶段（20世纪60—80年代）。20世纪60年代开始，日本的经济已经恢复，居民消费的提高逐渐使潜在需求转向有效需求，批量生产体制的建立也使大规模供给成为可能。依托已建成的体系，日本将目标对准技术和资金密集型产业，从1958年开始将生产重心向汽车、电视、半导体收音机等家用产品转移，使之成为新的增长点，同时还向海外拓展，推动钢铁等重化工业产品取代纺织等轻工

[①] 刘伟主笔：《工业化进程中的产业结构研究》，知识产权出版社2020年版，第118页。

业产品，成为主要出口品。工业的蓬勃发展带动服务业的兴盛，一方面，石油石化、汽车等产业引起汽车零售、汽油站、商业物品租赁等关联服务业的壮大；另一方面，城市人口增加、居民收入水平提升也使餐饮、教育、住宿等社会服务业广泛铺开，最终在20世纪70年代初期，日本服务业占GDP比重超过50%。与此同时，农业也成为日本的工作重点，虽然战后日本早已进行了自耕农制度等部分改革，但工业的高速发展依然带来了城乡分化和收入差距扩大等问题，于是日本政府从1961年开始，陆续颁布了《农业基本法》《农业现代化资金助成法》等政策文件，实施了取消农地流转限制（1962年）、补贴租赁农地（1962年）、提供5—15年期贷款贴息（1961年）、鼓励以租赁和代耕代管方式扩大农地经营面积（1970年）等多项举措，推动农业迈向现代化。由此，在第一轮高潮过后，日本几乎立刻迎来了第二轮增长高峰，并且一直持续到20世纪80年代。其间日本GDP年均增长率达到10.12%，经济跃居世界第二，形成覆盖钢铁、家用电器制造等上下游产业的综合产业体系，成为亚洲唯一发达国家。

3."泡沫经济"与后工业化阶段（20世纪80年代至2010年）。20世纪50—70年代的产业迭代，日本通过高增长实现了持续繁荣，在70年代第二轮高增长阶段，日本一方面企业规模不断壮大，借助金融自由化带来的融资便利，自有资金日渐充足；另一方面居民收入水平提升，民众储蓄增加，常年超过30%的储蓄率间接使金融机构吸收大量存款。在此背景下，日本企业和金融机构手握大量剩余资金，急需新的投资渠道，在持续繁荣的预期下，日本社会弥漫着"日本第一"的乐观情绪，日本政府错误地判断宏观经济形势，选择继续实行低利率的宽松货币政策和金融自由化政策，以刺激经济，而非加强监管，抑制经济过热。步入20世纪80年代，从1985年开始，日本社会大量剩余资金开始进入国内和国外股票市场和房地产市场，使之陆续创下新高：日本平均股价在1985—1987年由13113

日元上涨至 26000 日元，股票市价总额达到 26880 亿美元，占全世界的 36.3%。全国地价则在 1985—1990 年上涨 84.2%，产生了 1037.6 万亿日元的虚拟资本收益，为同期平均 GNP 的 3.6 倍。其间随着日本与美国等四国在 1985 年 9 月 22 日签署 "广场协议"，同意日元和马克升值，海外资产的相对贬值又使日本通过直接投资的方式向海外大举进行资产收购。1985—1989 年，股价和地价等虚拟资产价格的暴涨虽然提高了国民的财富水平，延续了经济高增长，但是金融和房地产的投机热潮也挤压了消费和制造业，进而与实体经济严重偏离，形成虚高的"泡沫经济"。"泡沫经济"于 1989 年达到顶峰，日本政府也在这一年不得不出手抑制，当年 4 月，日本央行将 1987 年以来 2.5% 的利率水平提高至 3.25%，之后至 1990 年 8 月，又先后四次将利率水平不断提高至 6%。利率水平短期内的提高带来了全方位的震荡，以股市和房价的暴跌为开端，居民资产缩水、消费下降、企业倒闭、不良债权泛滥等陆续成为 1990—1992 年的经济常态。自此，日本在"泡沫经济"上硬着陆，GDP 增长率也由 5.6%（1990 年）下滑至 0.2%（1993 年），在 1991—2001 年迎来"失去的十年"。

"广场协议"签订后，日本电器机械等加工组装型制造业便因为出口放缓和海外转移，吸纳就业能力降低，造船、钢铁等优势产业面临韩国等新兴经济体的挑战，竞争力下滑。随着"泡沫经济"的破灭，1991—2001 年日本步入后工业化时代，连续的低增长使之不得不进行产业调整。一方面，日本将扩大内需定位为国家目标，出台多项政策以寻求新的增长点，例如 1996 年将信息技术、环境保护、新能源和绿色能源等 15 个领域作为 21 世纪的新增长方向。之后又逐步转向服务业引领发展期，即服务业成为决定性产业，以信息服务业为代表的生产性服务业和以医疗、健康为代表的生活性服务业均显著成长，二者占 GDP 的比重从 2010 年开始超过 70%。另一方面，面对新兴的互联网浪潮，日本却多次错失良机，典型如手机产业，日本在技术路线选择、软件设计方面与世界潮流脱节，2011年的智能手机领域仅有索尼公司在全球市场占有率超过1%，完全落后于苹果、三星、华为等品牌。这些导致了现今日本坐拥完整产业体系，内部却增长乏力的格局。

4. 新探索阶段（2010年至今）。面对高新科技产业发展的不足，日本先后在2016年、2017年两年提出"超智能社会—社会5.0（以下简称社会5.0）"和"互联工业"战略，以期亡羊补牢。"社会5.0"对标德国的"工业4.0"、中国的"中国制造2025"等制造业升级战略，核心内容有三项：①社会系统在虚拟、物理空间的高度融合；②物质、服务与多样化社会需求的精准对接；③建立以人为本、全民享有高质量生活的新型社会。围绕这些目标，日本规划涵盖生产、生活、能源、经济4个总领域，科技发展、医疗卫生等12个子领域的智能化建设方略，以期为产业体系的技术升级提供支持。"互联工业"则以产业创新为主，强调依靠物—物互联、人—科技互联等方式，创造新的产品和服务，并产出新价值。日本为此设定无人驾驶—移动服务、生产制造—机器人、生物—材料、工厂—基础设施安保、智能生活五大重点领域，从三个方向制定了政策：一是推进实时数据的使用与共享，包括数据共享企业认证制度、修订"数据合同指南"等内容；二是推进针对数据有效利用的基础设施建设，包括扩充国际标准化人才、强化对中小企业的支持等内容；三是对包括中小企业在内的各类企业展开合作与推广。凭借这些目标，日本最终期望产业体系的智能化升级，为国家经济寻找突破点。

综合来看，第二次世界大战后日本基于"政府主导型市场经济体制"，紧密结合自身条件，适时制定了匹配市场情况的政策，较好地度过了恢复期。在产业发展上，日本以加工贸易立国，从最基础的原材料和能源工业做起，以电力产业为中心，循序渐进。当钢铁、汽车等支柱产业建成后，又进一步推进农业现代化，刺激服务业发展，促使产业间形成良性循环，引领日本成为世界经济大国。但是，错失互联网浪潮也引致日本产业体系当下科技创新不足的问题,这提醒欠发达国家和地区,产业体系发展必须对接科技前沿,勇于寻机会、抓机遇,才有可能弯道超车。

四 韩国产业体系的发展经验

韩国产业体系建设于第二次世界大战后才开始,起步远晚于主要发达国家。然而在近八十年的发展中,韩国一点点崛起,不仅成为少数具有完整产业体系的国家,也让"汉江奇迹"留名世界,跻身全球重要经济体行列(2022年名义GDP总量16643.26亿美元,位居世界第13位)。作为由落后的农业国向工业国转型的典型,韩国产业体系建设的成功有其独到的经验,总览其历程,又可以将之划分为四个阶段。

1.起步阶段(20世纪40—60年代)。韩国自然资源匮乏,且由于日本殖民时期推行"北方工业、南方农业"的政策,故而在独立后,韩国仅有单一的第一产业,几乎没有任何工业基础。面对资源不足的困局,韩国政府结合自身条件,从三个方面开始积累资本:一是吸引外部援助。[1] 彼时韩国处于美苏两大国战略博弈前沿,美国因其特殊的地缘位置,给予韩国大量的资金援助,使之成为和平时期韩国可以利用的资源。据统计,从1945—1970年,美国对韩国的援助总计为37.8亿美元;以联合国为首对韩国的多边援助,在1950—1969年也达到6.26亿美元。[2] 这些援助占到当时韩国年均GDP的近15%,成为其工业化进程的重要启动资金。二是培育人力资源。人力资源主要源于教育,相较自然资源能够更好地跟随产业变化调整升级。韩国尽管因缺乏自然资源而在工业化过程面临多方困难,但因祸得福,其也能够在选择产业时不为自然资源所束缚,

---

[1] 赵江林等:《马克思主义工业化理论及其在亚洲的实践》,中国社会科学出版社2016年版,第116页。

[2] 赵月华、李志英:《模式Ⅰ——美国、日本、韩国经济发展模式》,山东人民出版社2006年版,第350页。

从而以相对较低的成本进行转换。在产业规划上，韩国先从电力、水泥展开，再到钢铁和化工，直至造船和半导体，后续的每一次产业升级，都促使劳动力质量不断提升，产业对人力资源的要求与人力资源提升收入的要求得以有机结合，从而产业与资源实现同步升级，① 获得长期发展的动力。三是开展土地改革。殖民时期遗留的土地分配不均问题严重阻碍了韩国农业和工业的发展，土地改革势在必行。经过1948—1952年两轮土地改革，韩国政府最终在1950年3月通过《土地改革法》，将"耕者有其田"原则写入宪法，为后续农业和工业的现代化奠定基础。

2. 腾飞阶段（20世纪60—80年代）。在完成起步阶段的积累后，韩国政府开始依托美国的支持，参与国际资本市场，大举为工业化借债融资。从1962年开始，韩国政府不断引入国际贷款用于国家基础设施建设，并于1983年修改外资引入法，实施包括扩大外商投资领域、鼓励外商直接投资、实行外汇汇款自由化在内的投资自由化政策。在这一阶段，韩国政府于20世纪60年代初期制定了工业化的目标：一是建立自主经济体制，发展第一产业支持工业化；二是实现原材料进口替代，为重化工业发展打基础；三是"不均等发展"，根据国民经济发展需要，将部分产业作为优势产业扶持，以推动劳动密集型向资本密集型、"贸易立国"向"技术立国"的产业升级。1962—1966年，韩国政府实施了第一个五年计划，一方面对消费资料及中间产品展开进口替代，另一方面重点进行能源、交通等基础设施建设，发展电力、水泥、炼油等核心产业。"一五计划"使韩国工矿业年均增长16%，电力、交通及公用事业年均增长8.1%，合计占国民生产总值的比重达到68.3%。随后，韩国于1965—1971年启动第二个五年计划。重工业的进口替代、工业结构现代化和外向型工业化成为战略目标，产业重点转向钢铁、石油化工和机械工

---

① 赵江林等：《马克思主义工业化理论及其在亚洲的实践》，中国社会科学出版社2016年版，第116页。

业。"二五计划"使韩国工矿业年均增长 19.9%，国民生产总值占比达到 29.9%；服务业年均增长 12.5%，国民生产总值占比达到 45.9%。之后的 1972—1981 年，韩国又相继实施第三、第四个五年计划，主要内容为吸收发达国家产业转移，建设重化工业体系。在原先钢铁、机械、石化产业的基础上，造船、汽车、家用电器等产业成为新的目标，享受大量的税收优惠。在此期间，韩国还于 1970 年 4 月开展"新村运动"，对农村地区实行土地集约分配、建设基础设施等措施，以改善农村环境；对第一产业实行调整种植结构、普及农业技术、发展特色农业和畜牧业等措施，以增加农户收入。至此，韩国的产业体系基本建成，不仅工业化的成果使之成为"亚洲四小龙"之首，第一、第二产业的协同发展也为其下一轮产业升级打下良好基础。

3. 后工业化阶段（20 世纪 80 年代至 21 世纪初）。受 1979 年第二次能源危机影响，"四五计划"进行得并不顺利，韩国遂着手劳动密集型、资本密集型产业向技术密集型、知识密集型产业的转型。1982—1991 年，韩国再次实施了第五和第六个五年计划，开始"政府主导型"经济向"民间主导型"经济的过渡，工业化布局转向"技术立国"。为此，首先，通过技术升级、扩大国有化比重等方式提高传统的钢铁、家电、汽车、造船等产业的国际竞争力，使之成为核心出口产业。其次，将计算机、航空航天等新兴科技产业，作为战略支柱重点扶植，使之成为 21 世纪的主导产业。[1] 最后，在信息、新材料等萌芽产业领域，积极与发达国家合作，以孵化高技术产业。[2] 这一调整取得了成功，1980—1997 年韩国 GDP 年均增长率为 8.1%，保持上升期的高水平，国家产业体系也进一步完备，迈进世界经济前 10 位。

---

[1] 刘伟主笔：《工业化进程中的产业结构研究》，知识产权出版社 2020 年版，第 135 页。
[2] 赵江林等：《马克思主义工业化理论及其在亚洲的实践》，中国社会科学出版社 2016 年版，第 122 页。

4. 未来布局阶段（21世纪初至今）。步入21世纪，韩国产业体系逐渐步入瓶颈期，智能化、创新能力等方面的不足凸显。为解决制造业支撑能力、新兴产业增长和产业生态系统三方面的不足，韩国在2019年提出以"韩国制造业复兴战略"为核心的系列规划，围绕四个方面进行产业升级：一是加快产业智能化和环保化建设，借助5G和AI为核心的工业智能技术建设智能工业园区，同时建造清洁工厂、开发清洁产品、打造生产型环保市场。二是将主导产业向系统半导体、未来汽车、生物技术三大新兴方向升级，并改造工业园区使之推动制造业形成创新集群。三是深化人力资源培养，推动研发体系革新，重塑产业生态系统。四是政府加大对国内投资和创新的支持，对尖端科技、新技术研发等领域简化行政流程，提供一站式服务。韩国政府希望借此契机，由市场追随者进一步向新兴制造业强国转变。

综上所述，韩国的产业体系建设能够成功，主要得益于政府能够准确把握自身特点，选择符合自身条件的发展模式。与日本相似，韩国的产业体系也是从能源、采矿等基础工业起步，由点到面，层层递进，带动三大产业走向成熟。在产业体系面临瓶颈时，韩国也能将科技创新作为突破方向，寻求智能化升级。但是，由于韩国产业体系建设的资本大量源于外国，所以对世界市场依赖更深，这为其产业发展增加了风险。于中国而言，培育高科技产业，推进创新驱动，建设现代化产业体系是共同富裕目标的必要过程，但同时也需要扩大内需，推进双循环，增强应对风险的能力。

五 国际经验总结

总览上述四个国家在第二次世界大战后的产业发展历程，可以看出，无论是在原工业基础上二次复兴的德国和日本，还是作为后发国家代表的韩国，其工业化进程都是起步于煤炭、电力等能源产业，之后依次向钢铁、石化等原材料产业，车船、机械等制造产业及计算机、航空等高技术产业层层升级，最终科技产业成为支柱，引领整体经济的发展。而美国的传统产业在战后短期内到达巅峰，之后高科技便成为其产业发展的主要特色。步入21世纪，美国在高科技产业的基础上进一步发力，推动科技产业系统化，在世界引领创新经济。德国和韩国在原有制造业遭遇瓶颈后，也纷纷在科技创新领域发力，向产业智能化方向进军。日本则在21世纪初错失互联网革命，成为产业智能化和创新领域的追赶者。这意味着中国必须要紧跟科技前沿，紧抓机遇，全力建成现代化产业体系，才能以此作为基础推动共同富裕战略。

第三节 产业体系促进共同富裕的路径

共同富裕是一个长远目标，需要从各个方面发力，全方位提升经济发展质量。当前产业体系已经成为工业国家经济发展的核心力量，中国作为世界上产业体系最完备的国家之一，充分发挥产业体系的力量，使之服务于共同富裕建设，显然是一个重要任务。本节将梳理产业体系对于共同富裕建设的潜在作用路径，并总结概括为：①基础作用，即产业体系如何促进经济增长，以及怎样提升增长质量。②协调作用，即产业体系内部如何相互联动以促进经济发展。③共享作用，即产业体系如何带动不同经济主体参与发展，进而使发展成果更好地为全民共享。

一 产业体系的基础作用

产业体系的形成源于劳动分工，亚当·斯密在《国民财富的性质和原因的研究》(《国富论》)的开篇即以制扣针业为例，论证了劳动分工从三个方面带来的生产力增长：①工人熟练度提高；②减少时间损耗；③推动机器的发明，简化劳动时间并提高劳动生产率。生产力的增加使不同产品的生产者拥有更多富余产品用于销售，同时刺激了产品交换的需求；当劳动分工完全确立后，个体生产的劳动产品便只能满足自身很小一部分的需求，每个人都必须参与交换，整个社会由此变为商业社会。① 显然，劳动分工不仅推动了经济增长，也改变了社会形态。当专业人员生产专项产品成为社会经济活动的主要特征时，产业应运而生；随着分工的深化，投入、生产、销售等各个环节内的产业彼此间联系加深，对于经济增长也逐渐由产业个体的单方影响升级为产业体系的复合影响。

不难看出，产业体系能够推动经济增长的基本作用首先是提升经济发展效率。一方面，产业分工使得生产流程趋于专业化，参与分工的每一个主体不必面对整个经济活动，而是只需要掌握中间某一既定操作流程；另一方面，如同前文中提及的"雁行理论"，国家在产业分工过程中也在不断探索自身的比较优势与比较劣势，依此率先发展符合自身定位的产业。因此，产业分工不仅释放了劳动潜力，促进劳动生产率提升，也通过国家与产业之间的匹配优化了选择成本，从而共同促进经济整体发展效率的提升，使一国经济有机会在短期内实现高速增长。其次，产业分工的细化促使新产业不断随着经济活动诞生，这些新产业不仅在发展的过程中吸纳更多劳动人员，扩大社会整体的就业，同时也增加了社会需求，促进产业创新的开展。18世纪以来，人类社会先后经历以蒸汽技术、电气技术和信息技术为核心的三次工业革命，也在19世纪后期开始的第二次工业革命中，随着现代制造业企业的兴起，使得产业组织成为产业体系发展的内在力量。从结果来看，产业组织进一步联结了生产环节，使生产要素能够高效流动聚集，实现更大规模的生产。企业由此可以更快速扩张积累，投入更多资本用于科技创新，并提高生产要素的配置效率，从而形成差异性产品和技术壁垒，避免同低技术企业过度竞争，实现既定目标下的产量最大化或成本最小化。但是，这一

---

① ［英］亚当·斯密：《国富论》，孙善春、李春长译，中国华侨出版社2011年版，第10页。

过程也导致整个市场结构转向垄断竞争等不完全竞争,反垄断一并成为经济增长必须考虑的命题。最后,产业体系在宏观层面则是带来了产业结构的变化。发达国家的历史经验表明,产业结构的不断变化和总量经济的稳定增长是长期中现代经济的两个侧面,[1]在这中间,经济增长主要依靠高于平均增长率的新兴产业带动,而后者的出现正是产业体系发展的结果。因此,产业体系的发展通过改变产业结构促进经济增长,其中作用路径则主要表现为两个方面:一是产业结构合理化,即在现有科技条件下,产业体系内部生产要素合理配置,各产业能够互相协调,适应市场需求变化,并实现最佳效益;二是产业结构高级化,即产业结构向着内部综合生产率水平、科技结构水平更高的方向演进。由此,产业体系始于产业分工,在分工细化和科技进步的进程中,通过专业化生产、扩大就业、催生产业组织和改变产业结构等路径,由微观到宏观,从多个领域刺激经济增长,形成对共同富裕战略的基本作用。

回顾中国产业体系发展历程,1949年中华人民共和国成立时,国家尚处于农业国阶段,工业基础薄弱,只有纺织业等部分轻工业,重工业领域一片空白;即使经过三年恢复,如表1-1所示,1952年第一产业增加值在GDP中占据的比重也依然达到50.5%,超过第二、第三产业之和。经过"一五"(1953—1957年)、"二五"(1958—1962年)两个五年计划,第一产业比重降至35%左右,第二产业比重则提升至同等水平。1978年改革开放时,中国第二产业比重超过45%,已是第一产业的1.72倍,但第三产业比重仍低于第一产业。而在近些年,第一产业比重已降至10%以下,相应的,第三产业比重超过50%,成为主体产业。与之对应,中国产业体系也随着产业结构的深化,从无到有,逐步成型。根据1984年首次编制的国民经济行业分类标准(GB/T 4754-1984),当年中国产业体系总共涵盖工业、建筑业等13大门类、75大类、310中类和668小

---

[1] 吴利学:《产业结构、生产率与经济增长》,《产业经济评论》2021年第6期。

表1-1　　　　　　　中国三大产业增加值占GDP比重　　　　（单位：%）

年份	第一产业	第二产业	第三产业
1952	50.5	20.8	28.7
1958	34.0	36.9	29.2
1962	39.0	31.3	29.7
1978	27.7	47.7	24.6
2001	14.0	44.8	41.2
2013	8.9	44.2	46.9
2021	7.2	39.3	53.5
2022	7.3	39.9	52.8

资料来源：《中国统计年鉴2022》。

类；而到了新近的国民经济行业分类标准（GB/T 4754-2017），中国产业体系则扩大为采矿业、制造业等20大门类、97大类、473中类和1381小类，规模和细分水平进一步升级，几乎是1984年初次划分的两倍（见表1-2）。可以发现，"一五"和"二五"两个五年计划开启了中国的工业化进程，在之后的时间里，以工业为核心的第二产业成长为经济增长的核心力量，并为后续改革开放奠基。改革开放后，中国以工业为核心的产业体系逐步成型，并随着社会主义市场经济体制的建立，在进一步细分的过程中，壮大第三产业，形成覆盖全部门的完备体系。因此，尽管如今中国步入后工业化阶段，曾经的粗放模式已不合时宜，但不可否认，前60年的投入使中国建立起产业体系，将经济水平带动至新的高度，为推进共同富裕打下基础。目前中国要迈向高质量增长，还必须继续推进产业升级，构建创新驱动、效率导向，以及工业和服务业良性互动、融合共生的现代化产业体系。[①] 这一目标一是需要强化产业链韧性，围绕制造业重点产业链，集中资源攻关关键核心技术和零部件薄弱环节，保

---

① 黄群慧：《浅论建设现代化经济体系》，《经济与管理》2018年第1期。

证产业体系自主可控和安全可靠。① 二是需要加快传统产业高端化、智能化和绿色化的转型升级，提升在全球产业分工中的地位和竞争力。三是结合创新驱动发展战略，推进服务业供给侧结构性改革，加快生产性服务业改革开放，振兴实体经济发展，并实现工业与服务业之间公平竞争、融合共兴。②

综上所述，过去的发展经验表明，完备的产业体系是开展共同富裕建设的基石，而在今后，现代化产业体系的升级则是对共同富裕战略的推波助澜。

表 1-2　　　　1984 年和 2017 年中国国民经济行业分类

序号	1984 年 门类	大类	中类	小类	2017 年 门类	大类	中类	小类
1	农、林、牧、渔、水利业	6	14	16	农、林、牧、渔业	5	24	72
2	工业	40	212	538	采矿业	7	19	39
3	地质普查和勘探业	1	8	8	制造业	31	179	609
4	建筑业	3	3	3	电力、热力、燃气及水生产和供应业	3	9	18
5	交通运输、邮电通信业	2	9	16	建筑业	4	18	44
6	商业、公共饮食业、物资供销和仓储业	4	5	21	批发和零售业	2	18	128
7	房地产管理、公用事业、居民服务和咨询服务业	4	16	16	交通运输、仓储及邮政业	8	27	67
8	卫生、体育和社会福利事业	3	10	10	住宿和餐饮业	2	10	16
9	教育、文化艺术及广播电影电视事业	3	15	22	信息传输、软件和信息技术服务业	3	17	34
10	科学研究和综合技术服务事业	2	11	11	金融业	4	26	48
11	金融、保险业	2	2	2	房地产业	1	5	5

---

① 韩鑫、丁怡婷：《加快建设现代化产业体系——传统产业改造升级　新兴产业培育壮大》，《人民日报》2023 年 1 月 6 日第 2 版。

② 黄群慧：《浅论建设现代化经济体系》，《经济与管理》2018 年第 1 期。

续表

	1984 年				2017 年			
12	国家机关、党政机关和社会团体	4	4	4	租赁和商业服务业	2	12	58
13	其他行业	1	1	1	科学研究和技术服务业	3	19	48
14					水利、环境和公共设施管理业	4	18	33
15					居民服务、修理和其他服务业	3	16	32
16					教育	1	6	17
17					卫生和社会工作	2	6	30
18					文化、体育和娱乐业	5	27	48
19					公共管理、社会保障和社会组织	6	16	34
20					国际组织	1	1	1
合计	13	75	310	668	20	97	473	1381

资料来源：国民经济行业分类标准（GB/T 4754-1984）（GB/T 4754-2017）。

二 产业体系的协调作用

产业体系在共同富裕建设中所起的第二项作用是通过产业集聚刺激创新，以及通过产业融合与产城融合，协调不同地区发展互补。

"产业集聚"是指生产某种商品的不同类企业，以及与其产品生产配套的上下游企业和相关服务业，在特定空间范围内不断汇聚的过程。英国经济学家马歇尔（1890 年）最早提出"产业集聚"这一概念，他指出由于可以获取外部规模经济，集中在一起的企业比单个孤立的企业更有效率。其后的新地理经济学则将其中传导路径概括为：首先，对称区域受到偶然的扰动影响，原有的均衡被打破，引起产业集聚，使得区域市场规模扩大，并产生市场扩大效应；其次，市场的扩大继续吸引生产要素集聚，复合产业集聚的影响，引发价格指数效应，企业向该区域的集中能够节省运输、用工等多方面成本；最后，成本的下降吸引要素进一步集中，同时促进市场更大规模的扩大，如此形成循环累积因果效应。① 遵循这一路径，引起产业集聚的因素除了外部性，还包括竞争优势、创新环境等；相应地，产业集聚对于企业和区域经济发展协调作用也将从多个方面体现：①产业集聚使产品生产的上下游企业和服务提供企业汇聚一地，降低了各自的运营、交易、搜寻等多方面的成本，使得生产型企业能够更稳定、有效地匹配供应商和服务商，提高劳动生产率；服务型企业可以更好地获取行业信息，寻求目标客户，提升服务效率。②产业集聚使区域内生产同类产品的企业之间竞争加剧，对其发展形成挑战，但也意味着区域企业单靠成本难以形成优势，在低成本的同时必须完善技术，注重产品差异化领域的投资，追求创新，更容易进入产业科技应用的前沿。③积极的创新反过来也能够帮助企业快速成长，增加新的就业机会，使之联合科技优势吸引外来人才，形成人才集聚，保持发展活力。④产业集聚推动企业形成集群，强化了企业的谈判能力，让其能够凭借群体优势以更低的代价获得公共产品和服务；反之，政府和公共服务机构在提供公共产品和服务时，也因为企业群体大量的需求而稀释成本，形成合作意愿。总而言之，集聚区内企业通过相互间作用，最终产生"整体大于局部之和"的协同效应，继而推动经济发展。

产业融合是指不同产业或同类产业的不同行业之间，通过相互渗透、交叉重组融为一体并逐步形成新产业，包括服务业与制造业、服务业与农业、服务业内部不同行业的融合，以及数字经济对产业赋能等。② 就协调作用而言，产业融合可算是产业集聚的升级，因为其进一步延伸到企业内部结构的优化调整，能够激发产业链、价值

---

① 陈建军、胡晨光：《产业集聚的集聚效应——以长江三角洲次区域为例的理论和实证分析》，《管理世界》2008年第6期。

② 姜长云：《协同推进产业融合与科技创新》，《中国中小企业》2021年第9期。

链的分解、重构和功能升级。通过技术融合，企业有机会为不同业务建立统一运作平台，实现合作互补。而信息技术的普及也使企业能够加快资源整合和响应市场的能力，更快针对市场变动做出反应，这一方面促使企业由传统的纵向并购转向横向并购及混合并购，另一方面也让企业能够精准匹配消费者的个性化需求和综合性需求，形成速度经济效应。这成为产业融合对于经济发展的第一项作用，除此之外，促进创新、提高竞争力、推动区域一体化也是产业融合的重要作用，与产业集聚也能够形成联动。首先，高科技产业与其他产业融合是产业融合的主要方向之一，企业有机会借助融合实现范围经济，例如信息产业、工业技术产业与第一产业的融合不仅帮助后者提高了自身生产效率，也推动后者迈向信息化，有机会参与网络经济。随着当下科技革命的深化发展，多学科专业交叉、多领域科技融合使得科技创新与产业融合关系更加密不可分，有效结合创新成果与产业要素，"产—学—研"合作发力，能够打破转化瓶颈，让创新成果更好地转化为现实生产力。[①] 其次，各产业部门通过产业融合形成彼此间的交叉渗透，原先固有的业务边界和市场边界实际被打破，竞争范围随之扩大，并改变了市场结构，吸引新的参与者进入并开辟新市场，进而降低融合产业的市场集中度，提高市场活力。最后，产业融合能够跨地区开展的特点加快了地区间资源的流动和重组，也促进区域产业结构的多样化，让区域间网格化发展，形成一体化趋势。

与产业融合相似，产城融合是指产业与城市融合发展，即以城市为基础，承载空间和产业经济，反之以产业为保障，驱动城市更新和完成服务配套，以实现产业与城市功能融合和空间整合，达到"以产促城、以城兴产、产城融合"的协同发展格局。[②] 自人类社会步入现代文明，产业与城市就是密不可分的共生体，一方面城市为

[①] 姜长云：《协同推进产业融合与科技创新》，《中国中小企业》2021年第9期。
[②] 祁京梅：《"产城融合"是城镇化建设的重要抓手》，《财经界》2018年第6期。

产业落实空间，并满足后者对于劳动力的多层面需求；另一方面城镇化是产业发展的必然结果，城镇功能也需要以服务业为核心的产业支撑。因此，作为以推动产业—城市共进为目的的一项发展方略，产城融合也在多个方面积极影响着经济发展：第一，产城融合将城市发展目标同产业发展目标绑定，依托城市服务功能站点，能够更有效地招商引资，建设新城，从而促进城镇土地集约化，扩大产业空间，加速产业聚集。第二，城市决定产业发展和居民生活的成本，产业则决定城镇可消费商品种类及居民的收入和就业。通过产城融合，在推动新城建设的同时，也能够借助产业集聚和产业融合带来的规模经济和范围经济，扩大本地就业，降低服务成本，从而吸引人才聚集。第三，产城融合是新型城镇化建设的重要推力，也是产城人融合的基础。2014年国家出台《国家新型城镇化规划（2014—2020年）》，提出"推动信息化和工业化深度融合、工业化和城镇化良性互动、城镇化和农业现代化相互协调，促进城镇发展与产业支撑、就业转移和人口集聚相统一"的新型城镇化战略。作为共同富裕建设的重要组成部分，新型城镇化的核心理念在于"以人为本"，即以"人"的需求为核心，在提高"人"的效用水平的前提下实现产业与城市共同繁荣，最终完成"产业""人"和"城市功能"三者的融合。[①] 产城融合最终升级为产城人融合，进一步契合共同富裕战略。

综上所述，产业集聚、产业融合与产城融合作为产业体系在形成与发展过程中自发或受外力形成的战略行为，都是通过体系内部产业的协调作用，来实现产业发展与经济发展的双赢。共同富裕不仅需要实现高质量增长，还需要完善其他方面以促成高质量发展，这一目标显然需要产业体系协调合作产生更深刻的影响。

[①] 谢呈阳、胡汉辉、周海波：《新型城镇化背景下"产城融合"的内在机理与作用路径》，《财经研究》2016年第1期。

三 产业体系的共享作用

实现共同富裕不仅需要高质量增长,还需要发展成果能够为全民共享,而随着数字技术等高科技的不断发展,在向现代化产业体系迈进的过程中,共享性也正在逐步成为其中促进共同富裕的新动能。共享性的赋能首先来自数字经济的发展。自1994年接入国际互联网以来,中国数字经济历经多年发展,已然成为经济发展的核心力量,不仅催生了信息通信、互联网等多类科技产业,也推动数字化技术在制造业、服务业等其他产业领域广泛应用,提升产业的发展质量。数字经济壮大同时也产生了大量低成本、成规模可得的数据,使得数据成为一种新的生产要素,并且有别于劳动、资本和土地等传统有形生产要素,数据还额外具有多项技术与经济的特征:[1] 第一,非竞争性。大部分商品或资产存在竞争性,即同一时点往往不能为多个主体同时使用,数据要素则能在多个场景下为不同个体同时使用,呈现非竞争性。第二,易复制性。以"0—1"比特形式存在的数据,仅需要依托存储介质简单拷贝即可自由复制,不仅稀释了数据收集的成本,更是为其大规模可得和非竞争性奠定基础。第三,非排他性。大部分数据的生成往往涉及产品服务供需双方、第三方平台等多个主体,也使数据较容易在多个主体间散布,配合易复制性,使数据具有一定的非排他性。第四,外部性。数据是信息的载体,企业可以通过分析提炼其中有效信息来优化生产经营,形成正外部性;正外部性则能够在网络效应(梅特卡夫法则)作用下,于产业中进一步放大为网络外部性,形成对整体经济的优化。第五,即时性。科技进步使数据的生成、传输和处理速度极大提高,能够以低成本更广泛地在个体间传播,并创造出更多分支产业。可见,数据的种种特性不仅使得数字经济得以便捷地于产业间应用,也推动产业间

---

[1] 蔡跃洲、马文君:《数据要素对高质量发展影响与数据流动制约》,《数量经济技术经济研究》2021年第3期。

的要素、信息、技术等多方面的共享，从而促进产业互联，加快现代化产业体系成型。

除去自身的发展，数字经济还带动了共享经济的兴起，为共享性进一步赋能。共享经济是指通过互联网平台，让拥有闲置资源的结构或个人通过让渡使用权获取回报，同时为缺少资源的分享者通过使用闲置资源创造价值。共享利用、集约发展、灵活创新是共享经济的发展理念，闲置资源、互联网、对等化则是共享经济的关键要素与创新所在。具体而言：第一，闲置资源是共享经济诞生的基础。随着人类社会生产能力的提升，出现了大量无法充分利用的闲置资源，而随着全球自由贸易网络的建立，如果这些闲置资源能够充分利用，则可以有效改善社会资源配置，促进充分就业，从而增加社会福利。所以共享理念的诞生正是产业体系发展成熟的标志之一。第二，共享理念早在20世纪70年代便已提出，但受个体空间和人际关系的限制而发展有限。互联网科技带来了信息的爆炸式增长，也为共享经济提供了发展契机。一方面，以信息和数据为核心的虚拟产品共享成为共享经济的雏形，并且伴随大数据技术的进步，产业体系内的交易者也逐渐绕过传统中介，进行"点对点"的直接沟通与合作，从而形成提升整体经济效率的新模式；另一方面，实物共享的出现使共享经济成型，从最初个体间的物品共享，到共享单车、共享汽车、共享充电宝等基于平台的商品和服务共享，再到共享制造等资源共享，共享经济由小到大，正在不同领域渗透和创新。第三，共享经济使产品和服务的提供者不再限于企业，个人也成为重要的提供者。在共享平台上，参与主体是自发、快速聚散的柔性共同体，供给者、需求者以及供需双方之间的地位都是平等的，不存在一方主导另一方的情况。① 这使得共享经济更为崇尚以人为本和可持续发展，也模糊了生产者和消费者之间的界限，即每一位需求

---

① 裴长洪、倪江飞、李越：《数字经济的政治经济学分析》，《财贸经济》2018年第9期。

者都可以成为他人的闲置资源供给者，反之亦然。基于以上特征，共享经济成为数字时代的一种新的经济形态，并为现代化产业体系增加了新的活力，有效支持共同富裕的建设。

四 内容总结

产业体系是社会分工的产物，也是推进国家经济发展的主要方式。就功能而言，产业体系最基础的作用便是推动经济增长，其中路径一是通过不断细化的分工提升整体经济效率；二是通过不断衍生新产业吸纳就业；三是提升生产要素流动，实现大规模生产，促进科技创新；四是推动产业结构合理化和高度化，实现结构优化升级。中华人民共和国成立以来，中国在仅有少数轻工业的基础上，一步步建设出当今涵盖20大门类、97大类、473中类和1381小类的庞大产业体系，成为拥有最大规模制造业的世界大国，这是中国实现共同富裕的基础。在此之上，还需要充分发挥现代化产业体系的协调作用和共享作用，即不仅要"做大蛋糕"，还要"分好蛋糕"。产业体系的协调作用主要表现为产业集聚、产业融合和产城融合，三者作为发展过程中自发或受外力形成的战略行为，范围由小到大，都是通过体系内部的协调作用最终实现产业与人之间的和谐、高效发展。而伴随数字技术等科技的发展，共享经济逐渐成为新的经济形态，赋予产业体系共享作用，从而为现代化产业体系增添新的活力。所以在整个进程中，必须要在每一个环节充分发挥现代化产业体系的作用，以之为支撑实现高质量发展，迈向共同富裕。

第二章 优化产业结构

第一节 产业结构演进

一 浙江省产业发展基础

浙江省地处中国东部沿海,陆域面积仅10.18万平方千米,多丘陵、少耕地,有"七山二水一分田"之谓,总体来说陆域面积不大,山区居多,矿产资源不丰富,是一个能源矿产极度缺乏的资源小省。受制于自然资源约束,浙江省许多地方在历史上就有着经商传统,是中国近代工业萌芽较早的省份之一。19世纪80年代后期开始,杭州、宁波先后发展起了一些以农产品为原料的轻纺、食品、制革等行业。20世纪初,民族工业一度得到发展。鼎盛时期的1936年,工业总产值为7.3亿元。此后由于战乱劫扰、政治腐败、洋货倾销,浙江近代工业长期停滞,原有的工业基础也受到了严重摧残。至1949年,浙江省工业总产值降至4.1亿元,拥有固定资产总值1.0亿元,职工10.7万人,企业规模和生产方式仍然是狭小、分散的手工作坊,几乎没有近代机器大工业。包括建筑业在内的第二产业仅占浙江省生产总值的8.0%,而农业占68.5%,是一个典型的农业省份。

中华人民共和国成立初期,由于浙江省处于军事前线,国家给予浙江的建设投资相对缺乏。直至改革开放之前,浙江省产业层次依然很低，农业在国民经济中占较高份额。特别是农业劳动力占全社会劳动力的比重高达74.8%，属于典型的农业省份，工业基础较为薄弱。这一时期，在封闭和高度集中的计划经济体制下，浙江省受制于自然资源缺乏和国家重大工业投资项目偏少，工业增长速度长期处于全国平均水平以下，工业在全国的地位并不高，整体上工业化进程在探索中缓慢前进。这一时期，在发展传统轻纺工业的同时，浙江省逐步创立了现代机电工业、石化工业、冶金工业和能源工业，为后续实现工业化奠定了基础。1949—1978年，浙江省工业总产值增长25.2倍，年均增长11.9%；浙江省生产总值中，工业增加值所占比重从1952年的9.3%上升到1978年的38%，在较大程度上改变了历来以农业为主体的经济结构状况。但是，从人均水平看，1978年浙江省人均GDP仅为416元，城镇居民人均可支配收入332元、农村居民人均纯收入165元，人均GDP在全国各省中排名第13位，低于全国平均水平。与此同时，浙江省工业"轻、小、集、加"特色初步显现，即轻纺工业和加工工业比重高、地方企业和小企业多而国有企业比重低。1978年浙江省轻工业比重为60.2%，比全国平均水平高17.1个百分点，而原材料工业和采掘工业合计仅占10%，重工业大多是为农业和轻工业提供配套服务和设备维修的企业。1978年国内生产总值132亿元，工业增加值47亿元，占全国的份额分别是3.1%和2.9%，分别列全国第14位和第15位，其中，中央企业和大中型企业所占比重分别为2.6%和16.0%，比全国分别低4.2个百分点和27.4个百分点；但浙江省民营经济发展水平较高的特点在这一时期已有体现，到1978年，浙江省非国有工业占全部工业总产值的38.7%，比全国高16.3个百分点，居全国之首。

二 改革开放以来的产业变迁

改革开放给浙江经济带来了新的发展契机，各地根据当地工业经济基础、工业结构特点，大量开展相关的工商业活动，再加上经济主体较强的商品经济意识，使得浙江省抓住改革开放特定的历史机遇，工业化迅速发展。经过改革开放四十多年的发展，浙江省已经实现了从资源小省到经济大省的转变。总体来说，浙江省产业结构发展经历了农村工业化、全面工业化、新型工业化以及从制造大省到"智造强省"的转变阶段。

1. 农村工业化

1979—1991年，是浙江省的农村工业化阶段。这一时期，浙江省立足于已有的工业经济基础和优势的沿海区位以及港口条件和"轻、小、集、加"的工业特色，发挥市场经济的作用，顺应农村大量剩余劳动力向非农产业转移的发展趋势，大力推进农村工业化。浙江省利用传统工业优势和劳动力转移带来的劳动力成本优势，大力发展传统轻纺工业，从1979年起，浙江省将物资、能源、资金和劳动力向轻纺工业倾斜性分配和调整，并以其发展为先导，推动了工业化进程，实现了工业的全面复兴。1979—1981年，浙江省轻工业总产值年均增长24.0%，比同期重工业年均增长率高出8.9个百分点，轻工业占工业总产值的比重由60.2%升至65.1%。这一时期的乡镇工业也得到初步发展，农村工业产值增长1.5倍，占全部工业总产值的比重由16.3%上升到23.2%。凭借轻纺工业的超前增长和农村工业的迅速起步，浙江省工业企业大力开拓省外市场，在全国脱颖而出。1979—1982年，浙江省工业增加值年均增长16.6%，比全国平均高出9.5个百分点，增长速度居全国首位。1980年增长率更是高达33.3%，形成改革开放以来的第一个高峰。工业增加值占全国的份额，由1978年的2.9%升至1982年的4.0%，在全国各省份的位次由第15位升至第11位，平均每年前移一位。工业增加值占GDP的比重稳步提高，从1979年的35.3%提高到1982年的37.4%，并在1980年超过了农业。

随着改革开放的不断推进和市场经济不断发展，浙江省开始调整单纯依靠传统轻纺工业增长的发展战略，综合利用省内外资源和省内外市场，逐步形成以市场为导向的加工型产业结构，并逐渐形成外向型发展战略。到1985年，浙江省工业增长率高达35.0%，形成改革开放以来的第二个高峰。1983—1988年，浙江省工业年均增长率达20.8%，比同期全国增长率高出7.4个百分点。浙江省工业总量在全国的位次跃升至第7位。从1983年起，农业占GDP的比重降至1/3以下，工业比重持续稳定在40%以上，工业成为浙江经济的主体，标志着浙江由工业化初期向工业化中期过渡。这一阶段，伴随着农村第一步改革的成功，农村工业化勃兴。浙东北地区社队企业（1984年社队企业改称乡镇企业）的发展在这几年达到高潮。个体、私营工业也开始发展，在浙西南出现了农村专业市场和家庭工业相结合的工业模式。1984年非国有工业总产值首次超过国有工业。乡镇企业异军突起，既成为浙江工业化进程的主要推动力，也成为浙江市场发展的重要催生力。20世纪80年代中期开始，由于消费结构和经济增长机制的变化，工业结构以发展家庭日用消费品和耐用消费品为主导，传统轻工业向现代轻工业升级，重工业向加工业和新兴产业调整。同时，外向型经济的发展、外资的利用和技术引进，也大大加强了浙江工业的管理和技术基础。

1979—1991年，浙江省工业增加值从55.6亿元增加到438.4亿元，按可比价格计算，增长6.3倍。在全国的位次由1978年的第15位上升至1991年的第6位。工业总产值从158亿元增加到1801亿元，年均增长20.1%，增幅居各省份首位。农村工业总产值占浙江省工业总产值的比重从1978年的16%上升至1991年的48.3%，占比接近一半。

2. 全面工业化

1992年，邓小平同志发表南方谈话，党的十四大确立了社会主义市场经济体制的改革目标，对改革开放和经济发展产生了巨大的推动作用，浙江工业抓住加快改革开放和经济发展的机遇，实现跳跃式发展。这一时期，浙江省出台多项改革措施，私营经济和个体经济迅速发展，对外开放不断扩大，外资利用成倍增加，工业化发展再上新台阶，向全面实现工业化迈进。1992—1994年，浙江农村工业总产值分别增长46.7%、73.8%和57.2%，农村工业总产值占浙江省工业总产值的比重从48.3%提升到63.5%，对浙江省工业增长的贡献份额高达89.3%。农村工业化高涨促进了浙江省工业跳跃式增长。1992年浙江省工业增加值增长26.6%，1993年增长35.3%，创下了改革开放以来新的增长纪录。针对全国性经济过热和经济秩序失调等问题，1993年，中央采取加强和改善宏观调控的措施，1994年起过高的工业增长速度开始平稳回落。由于宏观调控的力度和方式掌握较好，没有出现以往经济调整中的大起大落。1995年，浙江工业增加值占GDP的比重达到46.3%，工业（总产值）的全国排名上升至第4位，占全国工业比重8.8%。

进入"九五"时期，浙江工业在适度从紧的宏观环境下运行，工业结构调整加快，增长质量逐步提高。1998年，面临亚洲金融危机冲击和国内有效需求不足，浙江应对挑战，把握转机，迎难而上，实现了工业增长目标。当年工业增加值增长11.1%，独立核算工业企业利税净增25.3亿元，居各省市之首，利润总额占全国的1/10。1999—2001年承接企稳回升势头，工业继续稳定发展，经济效益综合指数继续位居全国前列。

在这一阶段，浙江工业化进程向更高水平推进，主要表现在四个方面：一是工业经济市场化程度明显提高，经济体制和增长方式产生较大转变；二是外向型经济加快发展，工业产品出口和利用外资成为工业增长的重要推动力；三是企业改革取得突破性进展，多种所有制经济共同发展格局基本形成；四是工业增长基础条件明显改善，企业规模不断扩大，经营理念和经营方式进一步创新，企业技术进步稳步推进，工业经济整体素质不断提高。2001年三次产业占GDP的比重分别为9.6%、5.8%和38.6%，其中工业占GDP的比重达到46.1%；全社会劳动力中，非农产业劳动力比重达66.6%。这都标志着浙江工业化进程已处于中期阶段。

3. 新型工业化

2001年，中国加入世贸组织，顺应新世纪国际和国内社会经济环境发生的新变化，浙江省进一步调整工业发展战略，浙江省工业化进入了一个崭新的阶段。2002年，浙江省提出了"着力推进结构调整，构筑产业新高地"的目标，要求围绕建设先进制造业基地，抓住国际产业转移的机遇，大力推进工业结构战略性调整，提高制造业整体发展水平；围绕提升产业、扩大就业和提高生活质量，大力发展服务业；围绕建设"数字浙江"，加快国民经济和社会信息化。这些目标和要求，为浙江省走新型工业化道路构建了基本框架。党的十六大以后，浙江省结合自身实际，作出了"发挥浙江的块状特色产业优势，加快先进制造业基地建设，走新型工业化道路"的战略部署，并纳入"八八战略"。到2008年国际金融危机前，浙江工业在新型工业化建设过程中已经取得重大成就。具体而言，在区域发展的协调性方面有所增强，欠发达地区工业发展的速度加快；产业结构调整取得了新的进展，产业结构高级化程度进一步提高；自主创新能力不断增强，品牌经济发展有新的突破；资源节约与环境保护取得了明显的成效，可持续发展能力不断增强。

这一阶段，浙江省工业经济在全国的地位显著提高，工业产品大幅增加，工业在国民经济中的地位显著提升，第二产业成为经济发展的主要推动力。2007年，浙江省工业增加值9040亿元，按可比价格计算，比1978年增长87.6倍，年均增长16.7%，增幅比全国高5.1个百分点，工业增加值占全国的6.5%，比1978年的2.9%提高3.6个百分点。工业企业单位数从1978年的2.13万个增加到2007年的近87万个，占全国企业总数的10%以上。2007年，规模以上工业企业为5.16万个，为各省份之最，占全国总数的15.3%。拥有大中型企业4342家，居全国第二位。工业从业人员1187万人，是

1978年的4.2倍；其中，规模以上工业791万人，占全国的10%。规模以上工业资产总额和固定资产总额分别为30582亿元和9938亿元，占全国的8.7%和6.8%。从1994年起，工业增加值稳居全国第4位。2007年，规模以上工业总产值和增加值分别为36074亿元和7571亿元，占全国的8.9%和6.5%，居全国第四位。

经过30年的经济快速发展，浙江省在这一时期也逐渐出现了发展瓶颈，即土地、劳动力和能源等各类要素供给不足制约进一步发展，粗放式增长方式对于环境承载力和可持续发展形成挑战。

4. 从制造大省到"智造强省"

2008年国际金融危机后，全球兴起新一轮产业革命，数字化技术蓬勃发展，浙江省紧紧抓住创新这一主线，以数字经济为抓手，先后实施数字经济"一号工程"、数字经济"一号工程"升级版、数字经济创新提质"一号发展工程"全面推进商业业态与模式创新、增长方式创新、产品创新，大力推进产业融合、共享经济、企业上云、工业互联网与"产业大脑+未来工厂"建设，以"智造"为新的发展方向，极大地推动了浙江省产业创新，促进了新兴产业的成长，使浙江省经济保持着稳定较快的增长，经济质量得到提升。

在这一新的发展阶段，浙江省明确提出了推动浙江省从工业大省、制造强省向"智造强省"迈进的发展目标。浙江省率先出台《浙江工业强省建设"十二五"规划》，要求从培育跨省跨国企业集团、大力实施创新驱动发展战略、推进工业强市强县强镇强区建设、加快战略性新兴产业培育等方面推动浙江工业的转型升级，推动浙江省成为全国工业转型升级的先行示范区。随着用工成本上升，以劳动密集型产业为主的传统浙江制造业逐渐出现了成本上升以及"用工荒"等问题，同时，浙江省固有的土地资源短缺等问题也制约经济发展，为了解决这一系列问题，"机器换人""电商换市""空间换地"等成为这一时期浙江制造业转型升级的主要方式。通过"腾笼换鸟、凤凰涅槃"，转变发展方式，逐步摆脱对于粗放式增长的依赖性，增强自主创新能力，建设科技强省、品牌大省，以信息化带动工业化，打造先进制造业基地，发展现代服务业，实现现代产业和企业的脱胎换骨；主动推进产业现代化发展，积极引导高效生态农业、先进制造业和现代服务业，通过提高落后产能要素使用成本，倒逼先进产能代替落后产能，不断推动浙江产业升级。

三　产业结构发展现状

浙江省较早地开始构建现代产业体系的实践探索，目前，浙江省经济发展水平领先于全国水平，现代产业体系建设已经取得较大进展，在现代农业、装备制造业、高新技术制造业、现代服务产业等多个行业具有领先地位，产业转型升级已初见成效，市场机制发展较为完善，以民营企业为主的微观企业主体健康稳定发展，为现代产业体系建设准备了良好基础。改革开放以来，浙江省产业体系不断优化，有力地促进了经济增长以及居民收入水平的提高。具体而言，服务业迅速发展，第三产业对经济的贡献度逐年增加；经济整体创新水平较高，尤其是商业模式和商业业态，不断创新发展，居于全国前列；数字经济不断发展，数字产业化和产业数字化水平不断提升，创新对于经济发展的驱动作用逐渐加强等。随着经济进入增速放缓、第三产业成为经济发展主体、需要更多依赖创新驱动的"新常态"，也要求浙江省不断推动产业体系现代化，实现三次产业的均衡发展，建设高端、高质、高效的产业体系，保持经济稳定健康高质量发展。

目前，从就业结构、三次产业增加值来看，浙江产业体系现代化水平都优于全国。根据国家统计局数据，2021年国内生产总值为114.37万亿元，比上年增长8.1%，人均国内生产总值80976元，分产业来看（见图2-1），第一产业增加值占比7.3%，第二产业增加值占比39.4%，第三产业增加值占比53.3%；从就业结构来说，三次产业就业占比为第一产业23.6%，第二产业28.7%，第三产业

47.7%，大致符合中等偏上收入阶段的就业结构特征。浙江省的人均GDP等经济指标高于全国水平，相应的就业结构特征也区别于全国整体水平，根据2021年数据，浙江省全省生产总值73516亿元、增长8.5%，增速高于全国平均水平、领先东部，第一、第二、第三产业增加值分别增长2.2%、10.2%、7.6%。在就业结构来看，第一产业就业占比为10.5%，第二产业为45.5%，第三产业为44.0%，农业就业比重显著低于全国平均水平；在第三产业就业中，科学研究和技术服务业等高端服务行业占比呈现持续上升的良好趋势。在拉动经济增长方面，浙江省2021年经济增长中，第一产业占比约3.00%，第二产业占比为42.10%，其中工业增加值在总体中占比36.46%；第三产业占比为54.91%，整体结构优于全国水平。但是相比于高收入国家，浙江省产业结构依然存在优化的空间。

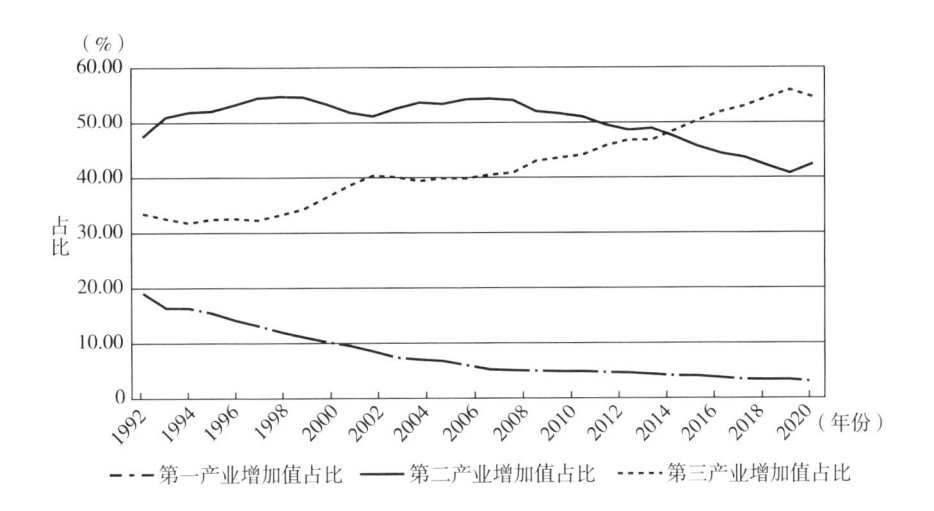

图 2-1 三次产业增加值占比

资料来源：国家统计局。

根据世界银行的分组，处于中等偏上收入阶段的经济中，就业结构大致为：第一产业21.5%，第二产业25.3%，第三产业53.2%；高收入阶段的就业结构为：第一产业3.1%，第二产业22.9%，第三产业74.1%，[①] 相较而言，浙江省农业就业比重显著低于全国水平，但对比高收入经济体，农业就业比重仍有较大下降空间，依然可以通过推动农业劳动力向第二、第三产业转移从而提升劳动生产率，缩小城乡间收入差距。同时，区别于全国第三产业就业比重高于第二产业且差距不断扩大的现象，随着经济发展，浙江省虽然在2011年前后第二产业就业比重开始呈现下降趋势，但截至2020年，第二产业就业比重仍略高于服务业。根据行业就业情况，虽然科学研究和技术服务业等行业的就业比重有所上升，但第三产业就业比重上升的主要来源依然是在批发零售业、租赁与商务服务业等低端服务业，这种就业结构的转换可能会使整体劳动生产率下降，从而不利于整体劳动报酬的提升和低收入群体收入水平的上升。

根据浙江省市场监管局发布的《2021年全省市场主体发展情况分析》显示，截至2021年12月底，浙江全省共有各类市场主体868.47万户，同比增长8.12%，其中，个体工商户549万户，同比增长6.57%；实有各类市场主体的三次产业占比分别为2.50%、17.66%、79.84%，第三产业占比继续呈扩大趋势。在第三产业中，受"双减"政策影响，教育行业在册数量增幅下降较为明显，同比由上年度的24.56%下降为1.41%；虽然复杂疫情形势、经营成本上升等影响还在持续，但住宿餐饮业和制造业在册数量还是保持了小幅增长，对于拉动就业依然起到积极作用；同时，浙江省深入推进数字化改革和数字经济"一号工程"，着力建设三大科创高地，科学研究和技术服务业、信息传输和软件信息技术服务业占比继续上升，分别为3.19%和2.65%，行业发展势能得到进一步体现。

随着第一、第二产业增加值占比的逐渐降低，以服务业为主的第三产业增加值逐渐上升，推动优质服务业发展，大力发展现代服务业，有利于提升经济整体效率，实现经济高质量发展。优质服务业应该具备高技术含量、高人力资本、高附加值、低污染排放等特点。

---

① 资料来源：世界银行，https://data.worldbank.org。

随着居民对于服务业的需求日益增加，服务业市场规模不断扩大，提升服务业质量，大力发展优质服务业具有重要意义。发展优质生产性服务业并促进服务业和制造业融合发展，可以促进产业升级，优化产业结构，提升产业效率，推动传统制造业向现代产业体系升级转型，对于维持经济健康稳定发展具有重要意义。同时优质服务业也可以和农业经济协调发展，为农业经济高质量发展提供助力。优质现代服务业的发展还会为城市经济发展提供新动力，诸如教育、医疗卫生、旅游等生活性服务业的发展，能够极大地提升当地居民的生活质量，有利于提升居民的获得感和幸福感，实现发展成果由人民共享。就业问题是经济发展中的重要方面，发展优质服务业可以提供大量就业岗位，创造就业机会，合理利用劳动力资源，有利于促进社会和谐稳定发展。优质服务业发展对于人力资源的需求较大，而较少地占用其他城市资源，相对而言具有低能耗、低排放、效益较高的优势，进而促进经济可持续发展，并拉动消费升级，使经济增长能依赖消费和投资双轮驱动。

浙江省服务业增速连续多年超过同期 GDP 增速，在持续增长后趋于平稳，发展重点逐渐转向建设优质现代服务业，强化服务业竞争力，打造品牌效应和提升发展质量。在浙江省经济转型的过程中，传统服务业向现代优质服务业的转型为之注入了新的动力，成为经济发展的新引擎。新型高端服务业如金融、物流、仓储等生产性服务业为制造业转型升级提供了有力支撑，顺应互联网、大数据等新型数字技术的发展，移动互联网、物联网等技术更加广泛应用在各个生产环节，有效推动了服务业和制造业融合发展。在生活性服务业方面，电子商务等服务业在国内市场以及海外市场中占据了可观份额，对于提升经济效率、带动经济增长起到重要作用；商贸、旅游等随着数字化技术和先进管理模式的广泛运用也逐渐向现代化、优质化转变，有助于切实提升群众生活质量，满足多样化、高品质的服务需求，提升群众获得感和幸福感。

第二节　做实做优做强实体经济

一　实体经济和虚拟经济发展现状

实体经济是富民之基。广义的实体经济为排除金融业和房地产业以外的所有行业，其中最为核心的实体经济是制造业，虚拟经济主要是金融和房地产业。根据《浙江统计年鉴》历年统计数据，2008年以后，浙江省第二产业增加值占GDP份额呈逐年下降趋势，工业增加值比重也大致呈现相同趋势，服务业规模逐渐扩大，从发展阶段角度而言，浙江省进入了工业化最后阶段，开始由工业化向发达水平跨越发展。随着劳动力成本和资源要素成本持续上升，实体经济发展出现困境，资源由传统制造业向外不断转移，其中一个重要的表现即为制造业增速下滑。

在2015年前后服务业增加值比重超过第二产业增加值比重并继续上升，其中金融业和房地产业增加值比重整体呈上升趋势。2015年以来各年第三产业增加指数高于第二产业，其中，作为虚拟经济的代表性行业的金融业和房地产业增速高于第二产业和经济整体水平（见表2-1）。随着数字经济快速发展，浙江省智能制造、智能物流、智慧城市、未来社区等得以快速推进，但同时，也产生了"脱实向虚"的现象，一些数字经济脱离实体经济、循环炒作，出现了资本虚拟化、虚拟经济泡沫化的现象。浙江省作为民间资本大省，大量资金从事间接投资，经济金融化的趋势一方面促进了资源的配置，另一方面也形成潜在的金融风险，金融和房地产业的高利润和快速发展不仅无法发挥其服务实体经济的功能，反而吸引资金和高素质人才流向金融和房地产业，推高房价，增加实体经济的生产成本，降低实体经济的创新能力和发展激励，并拉大金融和房地产业与实体经济行业从业人员的收入差距。

表 2-1　　　　　　浙江省三次产业和主要行业增加值指数

年份	2015	2016	2017	2018	2019	2020
全省生产总值	108.0	107.5	107.8	107.1	106.8	103.6
人均生产总值	106.2	105.9	106.1	105.4	105.0	102.0
第一产业	101.2	102.3	102.7	101.8	101.8	101.3
第二产业	105.9	105.9	106.3	106.3	105.5	103.1
工业	105.3	106.1	107.2	107.0	106.4	103.6
第三产业	111.0	109.6	109.5	108.2	108.2	104.1
金融业	108.3	107.0	111.3	112.5	108.0	110.8
房地产业	111.8	110.7	112.6	110.3	109.2	105.1

注：以上年为100。

资料来源：《浙江统计年鉴（2021）》，中国统计出版社2021年版。

由于产品分工不断细化，生产日益片段化和碎片化，不同地区根据自身禀赋优势嵌入产品生产的链条中，在产业结构升级的过程中，虽然存在就业人员由第二产业向第三产业的流动，但是由于劳动生产率的提升，工业增加值的占比并不一定显著下降，然而随着消费结构优化升级，对于服务业的需求增加，服务业增加值份额呈现上升趋势。统计数据显示，2015年前后浙江省的第三产业增加值已经超过第二产业。具体到制造业，浙江省制造业发展水平虽然已经处于全国前列，但是距离提升制造业附加值、实现制造业高级化也依然还存在提升空间。在国民核算体系中，增加值反映了产业生产经营创造的全部价值，行业或产业的增加值率代表了单位产出的附加值水平，一般来说，附加值越高也即投入的资源相对节约、技术水平和加工度较高，增加值的提升可以带动产业或行业内劳动报酬的提升。史东辉等计算了2014年72个国家的制造业增加值率，平均值为28.99%，其中30个中等收入国家的制造业增加值率的平均值为30.16%，中国处于较低水平，为20.17%；此外还计算了美国1947—2017年制造业增加值率的水平，得出这一时期美国制造业增加值率平均值为36.4%,整体上呈现小幅波动,并无明显的上升或下降趋势。① 根据2017年浙江省投入产出表②计算,2017年浙江省制造业增加值率为24.73%,参照前述各国水平,也处于相对较低位置,说明浙江省制造业尚未实现高附加值、高加工度、高技术含量的升级。在双循环新发展格局下,经济增长越来越重视内需,随着国内消费需求体系的升级,对于制造业产品的消费需求趋于多样化、个性化,这就要求传统制造业持续升级,提升附加值,向高级化发展。

改革开放以来,浙江省房地产业和金融业迅速发展(见图2-2)。1991—2017年,浙江省房地产开发投资累计63601亿元,年均增长28.4%;商品房累计销售面积84243万平方米,年均增长15.3%。极大地改善了人民的居住条件。城镇人均住房使用面积由1983年的9.44平方米增至2015年的40.5平方米。浙江省投融资体制发生深刻变化,民间资本逐步成为投资主体,民间资本快速增长。2003—2017年,浙江民间投资累计12.9万亿元,年均增长16.9%。民间投资占全部投资的比重从2003年的48.8%提高至2017年的58.3%。民间资本积极参与基础设施建设,2013—2017年,民间基础设施投资累计6810亿元,年均增长27.3%。基础设施建设领域民间投资占比从2013年的5.4%提升至2017年的10.6%。2021年各项贷款余额16.6万亿元,同比增长15.4%。民营企业债务融资工具发行量全国第一。

二 支持实体经济发展

2017年中央经济工作会议指出,要运用结构性政策强化实体经济的吸引力和竞争力。实体经济发展中的结构性问题主要表现在两

---

① 史东辉、庄华、朱兴邦:《高附加值化是制造业升级的方向么?——基于全球多国数据的经济增长与制造业发展高附加值化的实证检验》,《商业研究》2020年第10期。

② 浙江省统计局、国家统计局浙江调查总队编:《浙江统计年鉴(2018)》,中国统计出版社2018年版。

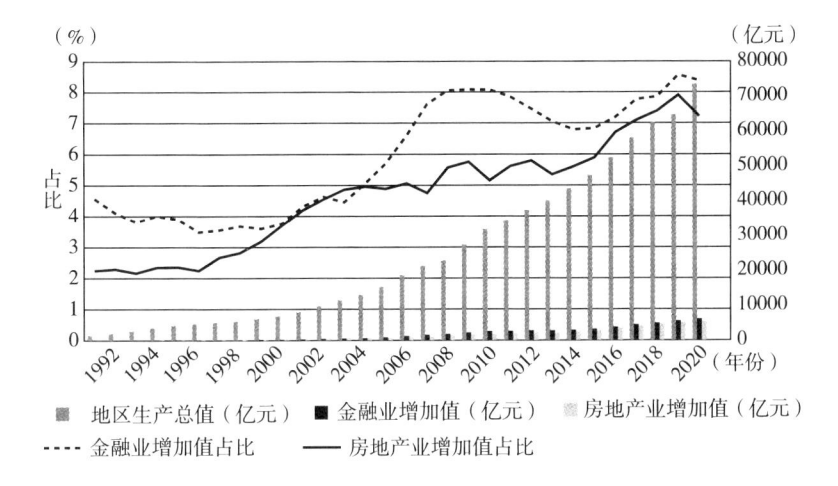

图 2-2 浙江省房地产业和金融业发展概况

资料来源：国家统计局分省历年数据库。

个方面，一是实体经济与虚拟经济之间发展不均衡。虚拟经济严重挤压实体经济尤其是制造业的生存发展的空间，不仅吸纳了主要的社会资源，而且过度的挤压使其盈利甚微，使得制造业投资对社会资本缺乏吸引力。二是实体经济内部结构不均衡，传统产业部门产能严重过剩，现代高技术产业部门产能不足，存在一些"卡脖子技术"亟待突破，因此有很多产品还要依赖进口。

制造业作为实体经济的主体，对于吸纳就业、增加税收都具有重要作用，也是浙江省山区 26 县快速发展的重要支撑。从就业效应上来说，制造业具有强劲的带动就业的作用。制造业直接提供的就业岗位约占全社会的 1/3，且现有的研究表明，制造业的发展能带动相关部门的就业，配比情况大致为，每增加 1 个制造业装配线就业岗位可以带动增加 6 个供应链就业岗位以及 3 个其他行业就业岗位，因此，大力发展高质量制造业能够有效带动就业。"十三五"时期以来，浙江省全省制造业从业人数保持在 1300 万人以上，稳定在全社会从业人员总数的 1/3 以上，2021 年全省规模以上工业企业从业人员达 709.8 万人，劳动报酬占增加值比重为 35.2%，相较 2011 年上涨12.9个百分点。在税收方面，2016—2019年制造业税收占全省税收比重1/3以上，在2020年疫情持续影响下，浙江省大规模实施减税降费，尤其是对制造业企业减税降费的情况下，2020年和2021年全省规模以上工业企业实际税收分别达到3021亿元和3721亿元，是税收贡献的重要支柱。在技术创新方面，2015—2020年浙江省工业R&D支出增长63.7%，提高至1396亿元，始终占全社会R&D支出的3/4以上，制造业发展对于推动技术创新具有重要意义，是科技创新的主战场。

经过长期发展，浙江省具有制造大省的基础优势，工业增加值、出口交货值、总资产等指标均居全国前列；在全国532种主要工业产品中，浙江省有56种产量居第一位；中国制造500强中，浙江省企业占了1/5；信息化指数以及信息化、工业化融合指数居全国前列。2021年，浙江省制造业发展稳健，运行质量优于全国平均水平。全年制造业增加值超过2.5万亿元，拉动GDP增长3.7个百分点，占GDP比重2007年以来首次提升，由2020年的32.7%提升到2021年的34.5%，发挥了"稳定器""压舱石"作用。全省规模以上工业增加值为20248.1亿元，首次突破2万亿元，比2020年增长12.9%，两年平均增长9.1%；营业收入和利润总额分别为97967.6亿元和6788.7亿元，分别居全国第4位和第3位，营业收入利润率为6.9%；2020年浙江规模以上工业企业每百亿元营业收入有效发明专利数为127件，比上年提高24件；2021年全省规模以上工业企业全员劳动生产率为28.5万元/人，比2020年提高3.5万元/人；规模以上工业企业每百元营业收入中的成本为83.6元，比全国低0.12元；规模以上工业企业亩均增加值为156.4万元/亩，同比增长15.0%，规模以上工业企业亩均税收为32.0万元/亩，同比增长16.3%；工业技术改造投资增速为13.9%，比2020年高11.3个百分点；规模以上工业中，高耗能行业增加值增长8.3%，按可比价格计算，占总体比重为30.4%，占比降低1.3个百分点，单位工业增加值能耗为0.74吨标准煤/万元，能耗降低率为5.8%。全年规模以上工业企业产能利用率为82.5%，比上年提高3.4个百分点。高新技术产业、生态环保城市更新和水利设施、交通投资分别增长20.5%、12.0%和2.4%。[①] 整体而言，浙江制造业高质量健康发展，经济效率不断提升，产能利用效率不断上升，在全国居于领先地位。

然而，在制造业内部，高端供给和有效供给依然存在很大发展空间，一些核心技术的"卡脖子"现象亟待解决。制造业作为实体经济的基础，建设先进制造业基地是浙江省"八八战略"的主要举措之一。《中共中央 国务院关于支持浙江高质量发展建设共同富裕示范区的意见》中明确指出，要"巩固壮大实体经济根基，夯实共同富裕的产业集群""培育若干世界级先进制造业集群，打响'浙江制造'品牌"，浙江省以高质量发展制造业作为实现共同富裕的基础，制造业是浙江省的经济命脉，在高质量建设共同富裕示范区的过程中起着不可替代的作用。调整优化实体经济内部结构，强化企业科技创新能力，加强实体经济、科技创新和现代金融的密切联系是做优实体经济的主要方面。具体来说，第一，要大力破除实体经济内部的无效供给，推动化解过剩产能；第二，通过人力资源和科技投入大力发展战略性新兴产业、高新技术产业和先进制造业，增加高质量部门的供给；第三，推动互联网、大数据、人工智能和实体经济深度融合，利用其改造传统部门；第四，大力降低实体经济成本，降低制度性交易成本，清理涉企收费，大力整治乱收费，提高实体经济盈利能力。

在调整实体经济内部结构方面，浙江省针对制造业高质量发展出台了一系列相关举措，在制造业发展的总量规模、创新强度、数字经济、绿色发展、营商环境和企业家群体等方面优势不断加强。在《浙江省全球先进制造业基地建设"十四五"规划》中就发展质效、技术创新、产业结构、绿色发展和营商环境五方面提出目标，包括

---

① 资料来源：《2021年浙江省国民经济和社会发展统计公报》。

在 2025 年实现制造业增加值占 GDP 比重 1/3，规模以上制造业全员劳动生产率达 33 万元/人，规模以上工业亩均增加值 180 万元，高技术制造业增加值占规模以上工业比重达 19% 等。为实现以上目标，在具体实施途径上，要坚持创新驱动，完善创新体系，为制造业发展增强新动能，进一步加强校企之间科研合作，整合企业、高校、科研院所及各类技术创新平台的创新资源；制造业发展模式优化升级，加快数字化改革，引领制造业全方位升级；促进制造业高端化发展，提升制造业竞争力；加快绿色低碳发展，转变发展方式；建设高质量营商环境，激发创新创业活力。此外，针对浙江省工业用地长期短缺的问题，要强化工业用地集约利用政策，确保工业用地总量稳中有升，对工业用地实施控制线管理，根据"改一补一"、占补平衡的政策盘活腾出存量工业用地用于工业发展，并提取土地出让收入的 0.5% 以上作为"腾笼换鸟"专项经费等，以此加快淘汰落后产能，提升经济效率，调整制造业结构，促进制造业高质量发展。

在虚拟经济支持实体经济发展方面，浙江省金融支持实体经济力度持续加大。2022 年 3 月 18 日，中国人民银行、中国银保监会、中国证监会、国家外汇管理局和浙江省人民政府联合发布《关于金融支持浙江高质量发展建设共同富裕示范区的意见》，要求金融业服务实体经济高质量发展，贯彻新发展理念，聚焦经济高质量发展的重点领域，优化金融资源配置，提升金融服务质效；探索金融支持科技创新、绿色发展的路径机制，夯实共同富裕的物质基础；构建新发展格局，发挥浙江市场经济活跃、民营经济发达、经济外向型程度高的优势，持续扩大金融对内对外开放，努力打造国内大循环的战略节点和国内国际双循环的战略枢纽。具体而言，强化金融支持先进制造业，完善对战略性新兴产业、先进制造业和专精特新企业的金融服务。加大对传统制造业技术改造的信贷支持力度，增加技术改造项目的贷款支持，提升对制造业中长期贷款的占比。加大对先进制造业的供应链金融支持，依托链上核心企业，整合物流、信息流、资金流等信息，鼓励金融机构为产业链供应链提供结算、融资和财务管理等综合金融解决方案，引导期货公司及其子公司提升对产业链供应链企业的风险管理服务质效。发展碳排放权、排污权、特许经营收费权等抵押质押绿色信贷业务。对"腾笼换鸟"项目融资需求给予中长期贷款支持等政策。深化小微企业金融服务。实施中小微企业金融服务能力提升工程，推广应用"贷款码"，优化小微企业金融服务差异化细分工作，持续开展首贷户拓展专项行动，深化小微企业贷款授权、授信、尽职免责"三张清单"，扩大融资覆盖面，提升融资便利度。支持证券经营机构探索以降低服务费率等方式优化对涉农经营主体的服务。深化政府性融资担保体系改革，推动小微企业和"三农"融资担保的"扩面增量"。公平精准有效开展民营企业授信业务，不断提高金融服务民营企业的质效。

第三节　发展先进制造业和现代服务业

21世纪以来，浙江省认识到经济转型发展的迫切性并为突破发展瓶颈进行了积极探索，2004年时任浙江省委书记习近平同志在全省经济工作会议上强调，要痛下决心，以"腾笼换鸟"的思路和"凤凰涅槃""浴火重生"的勇气，加快经济增长方式的转变，让"吃得少、产蛋多、飞得远"的"俊鸟"引领浙江经济。[①] 具体而言，"凤凰涅槃"就是要摆脱对粗放型增长的依赖，大力提高自主创新能力，建设科技强省和品牌大省，打造先进制造业基地和大力发展现代服务业，实现产业发展的脱胎换骨；"腾笼换鸟"就是要主动推进产业结构的优化升级，积极引导发展高效生态农业、先进制造业和现代服务业。发扬浙江人勇闯天下的精神，跳出浙江发展浙江，按照统筹区域发展的要求，积极参与全国的区域合作和交流，为浙

---

① 本书编写组编著：《干在实处　勇立潮头：习近平浙江足迹》，人民出版社、浙江人民出版社2022年版，第45页。

江的产业高度化腾出发展空间;把"走出去"和"引进来"结合起来,引进优质的外资和内资,促进产业结构的调整。① 作为"高质量发展建设共同富裕示范区",浙江省在优化产业结构、发展先进制造业和现代服务业方面走在了全国前列。

一 发展先进制造业

先进制造业是指在高技术水平、高附加值和高市场竞争力的基础上,通过技术创新和智能化生产手段,提高产品质量和生产效率的制造业领域。2022 年全国两会政府工作报告中提出,要"着力培育'专精特新'企业,在资金、人才、孵化平台搭建等方面给予大力支持"。浙江省中小企业量大面广,中小企业数量位居全国前三,是中小企业大省,小微企业数量、增加值、利润、出口交货值、从业人员分别占全省的 91.8%、42.4%、29.1%、35.4% 和 55.4%,这是浙江培育发展专精特新中小企业的坚实基础。此外,浙江省产业结构中,机械加工作为主导产业,装备制造业、通用机械加工、专用设备、电器、电子新材料、医疗器械等行业均处于优势地位,根据德国、日本等制造强国的发展经验,这些行业更易于出现专精特新企业。把中小微企业培育成长为专精特新、单项冠军既是企业自身发展的需要,也是打造全球先进制造业基地、建设制造强省、壮大共同富裕根基的需要。浙江省 2012 年起部署开展相关工作,在培育专精特新企业工作方面走在全国前列。

为更好地推动浙江省先进制造业发展,2021 年,《中共中央 国务院关于支持浙江高质量发展建设共同富裕示范区的意见》进一步明确提出,要"培育若干世界级先进制造业集群,打响'浙江制造'品牌"。为实现这一目标,浙江省进行了系统化的积极探索。首先,在政策支持方面,浙江省制定全国首部促进民营企业发展的地方性

---

① 习近平:《之江新语》,浙江人民出版社 2007 年版。

法规《浙江省民营企业发展促进条例》，出台了一系列配套政策措施，包括修订出台了《浙江省促进中小微企业发展条例》，改善"助小扶微"的政策环境；出台《关于大力培育促进"专精特新"中小企业高质量发展的若干意见》，由此为培育"专精特新"指明了方向，为发展先进制造业构建了公平竞争的法治环境；此外还提出了大量减负政策，切实为企业发展提供实惠，推动先进制造业健康发展，主要目标：到2025年，累计培育省级专精特新中小企业1万家以上，国家专精特新"小巨人"企业1000家等。在具体实施中，以梯度行动培育"小巨人"企业，组织实施"小升规""雏鹰计划""雄鹰行动""凤凰行动"等培育行动，建设对标培育数字化场景应用，省市县联动构建梯度培育库。其次，在基础支持方面，浙江省拥有一流的科研机构和高等教育资源，为科技进步提供了坚实的基础，浙江大学等一批高水平的高校在科研创新和人才培养方面发挥着重要作用。浙江省还建立了一批创新型企业和研发中心，为科技创新提供了支持和平台。浙江省积极实施创新驱动发展战略，加大科研投入力度。政府鼓励企业加大研发投入，提供税收优惠和科研项目资金支持。此外，浙江省还建立了科技创新基金和科技成果转化基金，支持科技成果的转化和应用，加快产业提质升级，提升创新发展驱动力。

经过长期发展，浙江省培育专精特新企业取得重大进展。截至2021年底，浙江省的国家级专精特新"小巨人"企业数量在全国占比近1/10，在各省份中位居第一。在促进经济增长方面，专精特新企业已经成为重要的动力源泉。2021年，浙江省专精特新中小企业的工业总产值、出口交货值、利润总额分别达1.3万亿元、2803亿元、1877亿元，占全部规模以上工业的14.7%、18.4%、27.6%，支撑全省规模以上工业增加值突破2万亿元，成为稳住国民经济基本盘的关键力量。在推动创业创新方面，2021年，浙江省470家"小巨人"企业投入研发费用96.3亿元，占营业收入比重为5.26%，是规模以上工业企业平均水平的2倍左右；研发人员占比高于高新技术企业认定标准的2倍；利润率12.8%，是规模以上工业企业平均的1.7倍。全省规模以上制造业人均应付职工薪酬9.66万元，自2012年以来年均增速10.3%，高于全省居民人均可支配收入3.91万元，培育了一大批中等收入群体。[1] 在强化产业发展基础方面。专精特新企业坚持以专注铸专长、以精益强管理、以特色塑优势、以创新赢市场。2021年浙江省规模以上制造业研发费用占营业收入的比重达到3.1%。强化企业自主创新，培育省级企业技术中心100家。推动产业协同创新，提升省级制造业创新中心能级，围绕产业关键共性技术推进技术攻关、成果转化、产业化应用。推进品牌质量标准提升，开发省级工业新产品、新技术5000项左右。开展企业管理现代化对标提升工程，新增省级管理标杆企业20家。在推动县域经济发展方面，还通过实施山区26县生态工业发展"攀登计划"，积极培育扶持了一批专精特新企业，加强产业培育，指导山区26县因地制宜发展中药、新型保健产品、绿色食品等产业，支持缙云机械装备、松阳汽车零部件等"一县一业"发展，2021年衢州、丽水规模以上工业增加值分别增长13.8%、15%，高于全省平均。通过加强项目招引，帮助山区26县招引符合生态导向的产业项目17个，推进强链补链。加强企业培育，实施山区26县规模以上工业企业倍增行动，新增规模以上工业企业745家。加强山区26县小微企业园区建设，累计认定141个，入驻企业4377家，带动创业就业9.6万人，实现了山区26县专精特新中小企业全覆盖，有效带动当地产业发展和群众增收致富，推动实现共同富裕。

二 提升高端服务业发展水平

高端服务业是指在知识密集、技术密集和价值链高端的服务领

---

[1] 资料来源：浙江省科学技术厅，http://kjt.zj.gov.cn/art/2022/3/14/art_1229225176_4892718.html。

域，提供专业化、个性化和高附加值的服务产品。经过长期发展，服务业已经成为浙江省经济社会发展的"主动力产业"，占全省50%以上的经济总量、60%以上的税收、70%以上的外资，80%左右的市场主体，关系到1900万人的就业问题，是稳经济、促转型、保就业、惠民生的主阵地。随着新冠疫情形势好转，服务业有望迎来加快复苏的窗口期，高端服务业在新的发展阶段将继续成为浙江省经济社会发展、产业优化升级和实现共同富裕的重要动力源泉。

服务业已成为浙江省促增长的主引擎、惠民生的主渠道、新业态和新模式培育的主阵地。"十三五"时期，浙江省服务业增长态势良好，对于经济增长的贡献作用日益突出，至2020年，增长值达3.6万亿，占GDP比重达55.8%，在增加税收、吸纳就业等方面发挥了重要作用；在数字化转型方面走在全国前列，形成和发展了国内领先的跨境电商、移动支付等经济新业态和新模式，数字化也推动了知识密集型服务业的迅速发展，对制造业的转型形成了有力支撑；杭州、宁波"双引擎"、四大都市圈中心城市对于全省服务业的引领作用不断增强，服务业集聚发展水平不断提升，服务业强县（市、区）试点培育取得积极成效；服务业发展的质量效益大幅提升，服务业企业的营业收入和营业利润较2015年实现翻番，并涌现了一批诸如阿里巴巴等具有影响力的国际知名企业，服务业人均劳动生产率约20万元/人，浙江省服务业的健康发展为社会生产率不断提升、促进收入增长和实现共同富裕打下了良好基础。

在新的发展时期，全球服务发展和国际分工格局面临深度调整，国际国内形势不断变化，中国加快构建新发展格局，释放内需潜力、市场活力，服务业将迎来新一轮发展机遇期。作为经济大省、开放大省，浙江省服务消费市场具有巨大潜力和旺盛活力。随着现代服务业与先进制造业加速融合，生产性服务业在产业升级中的作用更加突出，技术和知识密集型服务业比重快速提升。服务业数字化转型走在全国前列，成为支撑服务经济持续快速增长的强大动能。但与此同时，浙江省服务业发展中也依然存在一些不足，具体包括高端生产性服务业如科技服务业仍有较大发展缺口，对于现代产业体系的支撑作用不足；高品质生活性服务业（如健康、养老、文旅等）的供给有待提升，以满足日益增长和丰富多样的消费需求；服务业整体竞争力和影响力还有待进一步提升，在形成具有国际影响力的龙头企业之外，还应该进一步扶植专精特新企业，打造品牌，提升国际化水平；服务业平台发展不足，省级现代服务业集聚示范区营收有待进一步提升，服务业平台数量依然较少；服务贸易规模距离上海、广东仍有较大差距，服务贸易占对外贸易的比重有待提高。

为进一步加快服务业高质量发展，助力"重要窗口"建设，2021年浙江省制定了《浙江省现代服务业发展"十四五"规划》，从服务业规模总量、数字创新优势建设、发展质效水平、集聚发展效应、提升品质服务等方面提出了更高要求，目标为打造包括国际贸易、现代物流业、软件和信息服务业、科技服务业和现代金融业在内的五大具有国际影响力的服务业；壮大培育商业服务业、人力资源服务业、创意设计服务业、节能环保服务业和检测检验服务业五大新兴服务业，更好地支撑产业质量水平提升；在生活性服务业方面，提升发展现代商贸业、文化服务业、休闲旅游业、健康服务业、教育培训服务业、居民服务业、品质服务业，更好满足居民生活消费需求。2021年浙江省进出口总额达41429亿元，居于全国第3位，其中，服务贸易进出口总额达4515亿元；宁波舟山港货物吞吐量达12.24亿吨，居全球首位，中欧班列"义新欧"累计开行1904列、覆盖欧亚120多个城市；全社会R&D经费支出占GDP比重达2.94%，科技服务业规模以上企业营收1.6万亿元、占规模以上服务业的比重为55.74%，科创走廊建设步伐加快，科技实力进一步加强。浙江省根据自身优势，推动高质量生产性、生活性服务业发展，并以此为先进制造业发展提供支撑，高端制造业和先进制造业融合发展的高质量产业结构正在形成，将为实现共同富裕提供源源不断的动力保证。

三 构建绿色发展新动能

良好生态环境关系到最普遍的民生福祉，当前，中国生态文明建设进入以降碳为重点战略方向、推动减污降碳协同增效、促进经济社会发展全面绿色转型、实现生态环境质量改善由量变到质变的关键时期，要求在产业优化升级过程中更加注重绿色发展，构建绿色发展新动能。在长期的工业化发展过程中，出现了严重的环境污染和破坏问题，加上浙江省本身土地、矿产等资源方面的限制，要求浙江省从依靠高耗能高污染的灰色工业转向绿色低碳高科技产业主导的新兴产业，积极培育绿色发展新动能。《浙江省经济和信息化领域推动高质量发展建设共同富裕示范区实施方案（2021—2025年）》中提出要实现"生产方式更加绿色。制造业碳达峰工作取得重大进展，绿色发展水平进一步提升，产业低碳化进程加快，工业能耗、水耗、碳排放强度持续下降"的绿色发展目标。

在具体实践中，浙江省积极实施新一轮制造业"腾笼换鸟、凤凰涅槃"攻坚行动，统筹推进淘汰落后、创新强工、招大引强、质量提升。依法依规淘汰落后和过剩产能，整治提升高耗低效企业，腾出用地用能，推进制造业高质量发展示范县（市、区）创建，深化"亩均论英雄"改革，进一步完善评价体系、优化评价指标、强化要素配置、拓展结果运用，引导资源要素向优质高效领域集中，提升工业亩均增加值和亩均税收增长，加快乡镇工业园、村级工业集聚点的整合提升、淘汰撤并、转型发展。为了扎实推进工业领域碳达峰，浙江省组织实施了工业领域和七大高耗能行业碳达峰专项行动，推进工业企业节能降碳。联合有关部门坚决遏制"两高"项目盲目发展，严格新建项目准入和存量项目清理处置。加快工业碳效码推广，强化碳效评价结果应用，推动工业绿色低碳转型。落实产能置换办法，对于钢铁、水泥、平板玻璃、铸造等行业新增产能进行严格的限制。严格能效标准约束，组织实施水泥、玻璃等行业节能降碳。浙江省还实施了绿色制造工程，推行绿色设计，修订绿色低碳工业园区、工厂建设评价导则，建设省级绿色低碳工业园区。积极推进工业资源循环利用，组织有条件的省级以上园区实施循环化改造，抓好新能源汽车动力电池回收利用试点，推进工业园区固废综合利用、再生资源高效循环利用。各地针对自身发展特点和产业布局推动产业绿色化发展，例如，绍兴市以"全域治理"为抓手，对各类开发区和工业园区分类实施拆除重建、整合提升、功能转型和关停退出，到2021年累计淘汰落后产能4655家，整治提升"低散乱"企业25562家，盘活存量土地90472亩。结合当地重点产业，开创印染化工行业"跨域整合"先河，通过"跨域整合"，累计腾退土地10000余亩，净节约土地6000余亩，并生成绍兴投资额最大的单体工业项目——圆锦新材料项目，总投资208亿元。强化"亩均论英雄"改革，全市亩均增加值达108.6万元/亩、亩均税收达19.5万元/亩。此外，强化绿色制造体系建设，共创建国家级绿色工厂15家、绿色设计产品28个以及省级绿色工厂13家。

此外，浙江省还注重构建市场化导向的绿色技术创新体系和以数字化为牵引的绿色低碳循环发展体制机制，从省级层面鼓励强化绿色技术研发，加强清洁能源、储能等领域的前沿技术基础研究，重点突破高耗能行业节能增效技术，鼓励优势单位牵头建设省级重点实验室、技术创新中心，支持龙头企业牵头组建体系化、任务型的绿色技术创新联合体、产业技术联盟；积极推进科技成果转移转化，鼓励企业、高校、科研机构打造绿色技术创新项目孵化、成果转化和创新创业基地，积极培养绿色技术创新创业人才；建设国家绿色技术交易中心，打造线上线下联动的市场化绿色技术交易综合性服务平台等。"十三五"时期，浙江省大力推进园区循环化改造，实施浙江省大花园建设行动计划，加快发展节能环保产业，推进节能减碳技术装备、环保技术装备、资源循环利用技术装备、节能环保服务等领域创新研发，集聚了新能源汽车、新能源装备、环保产品装备等一批优势企业，形成新能源汽车、装备制造、绿色新材料等绿色产业集群以及"互联网+"节能环保服务业、"互联网+回收"等绿色领域新兴业态，并在生态保护补偿、水权交易、排污权交易、用能权交易等绿色发展领域进行市场化改革和实践，绿色发展水平居全国前列。2021年，全国首个国家绿色技术交易中心在杭州正式成立，至2022年6月，该中心已促成189项交易，交易额突破3亿元，推动超百亿绿色产业投资。浙江省绿色技术创新的转化有力推动产业发展绿色化，为实现"双碳"目标、建设生态文明和更好地实现共同富裕提供了有益借鉴。

第四节　政策建议

经过长期发展，在"八八战略"的指引下，浙江省产业结构不断优化升级，经济发展水平不断提升，在全国居于领先地位。浙江省产业结构优化升级的发展经验对中国优化经济结构、促进经济转型发展具有借鉴意义。在新的发展时期，优化产业结构，构筑新发展格局，实现经济高质量发展已成为浙江省经济发展的必然路径。为此，应该在以下几个方面持续发力。

一　坚持创新驱动，提高发展质量

持续加强创新体系建设，坚持创新驱动。第一，加强科研平台建设。通过设立专项资金支持企业、科研院所、高等院校等单位，聚焦三大科创高地及15大战略领域，推动科技与产业深度融合，提升产业核心竞争力。大力建设产业创新平台、重点企业研究院、企业技术中心以及工程研究中心。这些平台不仅能为产业升级提供技术支持，还能促进科技成果的转化应用。鼓励高校、科研院所与企业之间建立紧密的合作关系，通过共建实验室和技术转移中心等形式，加快科研成果转化速度，提高企业的创新能力。第二，加强科研人才建设。依托省内高校资源，建立产学研用相结合的人才培养机制，培养符合产业升级需求的专业技术人才。制定更具吸引力的人才引进政策，吸引国内外高层次人才来浙江创新创业，为产业升级提供智力支持。第三，设立专项基金或信贷支持，为处于不同发展阶段的创新企业提供融资便利，特别是对于初创企业和高科技企业，可以通过风险投资、政府引导基金等方式给予资金支持；对积极开展技术创新的企业提供税收减免、财政补贴等激励措施，降低企业研发投入的风险，激发企业的创新活力。

此外，针对企业自身，应强化企业的自主创新能力，培育企业技术中心，鼓励企业加大创新投入力度。推动产业协同发展，突出创新平台建设，加快科技要素集聚，提升制造业创新能级，围绕产业关键共性技术推进技术攻关、成果转化、产业化应用，推进品牌质量提升。深入实施产业基础再造和产业链提升工程，继续通过"链长+链主"打造标志性产业链，在重点行业扶持龙头企业，带动相关企业提升创新能力，促进全产业链的创新水平提升。加强自主知识产权品牌建设。鼓励具有自主知识产权的知识创新、技术创新和模式创新，积极创建知名品牌，以品牌引领消费、带动生产制造，鼓励通过科研创新团队的引进，带动高水平科研项目和产品的研发与转化。鼓励企业加大先进技术引进、消化、吸收、创新力度，加大投入开展关键核心技术研究，支持有条件的企业建立研发机构、技术创新中心、重点实验室、工程技术研究中心等。

二　促进实体经济高质量发展

促进实体经济健康发展，一方面需要深化改革，解决制造业内部结构失衡的问题，化解过剩产能、着力提高创新能力；另一方面，也要持续解决和虚拟经济发展不协调的问题，化解虚拟经济过热的风险。

在经济发展过程中，必须以实体经济为主，要更关注经济中的实体经济，形成具有持续竞争力和支撑力的工业体系，推动形成战略性新兴产业和传统制造业并驾齐驱、现代服务业和传统服务业相互促进、信息化和工业化深度融合的结构新格局。坚定不移推动制造业高质量发展，稳定制造业在 GDP 中所占比重，打造先进制造业基地。发展高技术产业，通过新一轮制造业"腾笼换鸟、凤凰涅槃"攻坚行动，培育先进制造业群和"新星"产业群，加快未来产业发展，提升高技术企业利润率。重视中小企业在实体经济发展中的作用，发挥浙江中小企业的发展优势，扶持和引导中小企业走专精特新发展道路，加强企业人才队伍建设。

贯彻新发展理念，聚焦经济高质量发展的重点领域，优化金融资源配置，提升金融服务质效。探索金融支持科技创新、绿色发展的路径机制，夯实共同富裕的物质基础。产业转型升级就不仅是单纯的"腾笼换鸟"，还要促进虚拟经济和实体经济的相互融合，例如通过"互联网+传统产业"的方式，加快培育发展新动能、振兴实体经济，让大量资金重新回到实体经济。提升金融服务科技创新能力，聚焦"互联网+"、生命健康、新材料三大科技创新高地建设。强化金融支持先进制造业，完善对战略性新兴产业、先进制造业和专精特新企业的金融服务。破除金融抑制，在虚拟经济内部强化制度创新能力，建设好现代资本市场服务于实体经济发展。推进金融市场制度改革，为社会提供更多便利的、安全的金融工具和金融产品，拓宽投资者的投资渠道。以优质的技术创新类资产为基础，通过金融部门的资产证券化，为社会提供更多质量更高、收益更稳的可投资资产。处理好金融与房地产的关系，坚定"房子是用来住的，不是用来炒的"的定位，降低其金融产品属性，回归普通大宗消费品功能。

三　推进先进制造业和现代服务业融合发展

先进制造业和现代服务业的融合发展是当前中国经济转型升级的重要任务。先进制造业和现代服务业的融合发展可以实现产业升级、降低生产成本、提高产品质量和服务水平等方面的目标；能够促进产业链的延伸和价值链的提升，提高资源配置的效率和灵活性，形成制造业和服务业的互补效应；可以促进技术创新和知识转移，提高整体生产要素的效率和质量，推动经济增长，提供更多高技能、高薪资的就业机会，促进人力资本的积累和提升，缩小收入差距，促进社会平等和提升社会包容性。在今后的发展过程中，浙江省应该结合自身优势进一步强化优势，补齐短板。

在发展先进制造业方面，依托块状经济特色和产业集群优势，加快科技创新水平提升和成果转化。创新型产业集群能为集群内的企业提供较好的专业化服务，可以促进创新型企业发展从而带动区域创新。创新型产业集群是区域内科研机构和高新技术资源的需求端，是区域内研究机构产品的重要市场，发展创新型产业集群可促进区域内研究机构的产业化和市场化，大力提升自主创新能力并促进成果转化，整合区域各种创新主体和要素，为先进制造业发展提供不竭动力。在发展现代服务业方面，加强统筹协调，分行业、分层次强化服务支持，提供更有力的财政金融保障，引导各类资金为高端服务业企业、园区建设提供支持，保障高能级服务业平台和优质项目的用地支持，为高质量服务业发展形成良好发展环境，确保服务业高质量发展"百千万"工程顺利实施。

在推动先进制造业与现代服务业融合并促进经济高品质发展的进程中，领军企业扮演了至关重要的角色。应紧密围绕国家的战略需求、重点领域以及浙江省的具体发展情况，集中力量扶持一批能够引领两业融合的领军企业。关注专业化平台型企业、行业领导型企业及中小微企业的集群发展，致力于孵化出一批服务能力卓越且具有重大行业影响力的企业。鼓励平台型企业探索市场细分、深耕垂直行业、整合全产业链等多种途径，促进其业务和运营模式的创新。同时，应支持制造业和服务业内领先企业利用其核心资源和行业整合力，制定行业标准，并成立产业技术标准创新联盟，通过标准化推进上下游企业的技术升级,进而促进整个产业的发展。此外,要加速中小微企业集群的形成,并指导这些企业以成为"隐形冠军"为发展目标,通过专业化的分工和服务外包等形式,与大型企业构建稳固的合作关系。在此基础上,积极推动产业融合,打造两业融合新主体、发展新模式,为实现产业优化升级和实现共同富裕提供不竭动力。

第三章 以产业集群推动共同富裕

产业是经济发展的支柱，不同产业组织对经济发展的影响亦不相同。产业集群是区域产业组织的形式，与区域经济发展具有较强的相关性，同时也对收入差距产生影响。浙江早期以块状经济的产业组织形态而闻名，随后通过产业集聚和产业升级，发展为万亿级的先进产业集群，推动浙江的经济发展和共同富裕。本章将分析浙江省产业集群与经济增长和收入差距之间的关系，并提出以产业集群推动共同富裕的相关政策。

第一节 产业集群与经济增长和收入差距

产业集群（Industrial Cluster）概念由波特1998年在《国家竞争优势》一书中正式提出，他认为集群是某一领域内地域上接近的相互联系的公司集团和关联的组织，通过商品和辅助活动相联系。随后其在竞争战略中纳入产业集群的概念，并引发研究热潮。企业在地域内形成的产业集群现象已经成为区域经济发展的重要特征，正如波特指出，一个国家的经济是由各种产业集群所组成，这些产业集群弥补并提供竞争优势（当然也可能造成劣势），反映了经济的发展。各国竞争优势形态都是以产业集群的面貌出现的。[①]

[①] ［美］迈克尔·波特：《国家竞争优势》，李明轩、邱如美译，华夏出版社2002年版，第148页。

一 产业集群与产业集聚、块状经济

与产业集群相关的概念还包括块状经济（Massive Economic）和产业集聚（Industrial Agglomeration）。有必要事先明确这几个相关概念之间的联系和区别。

块状经济是指一定的区域范围内形成的一种产业集中、专业化极强的，同时具有明显地方特色的区域性产业群体的经济组织形式。浙江是块状经济发展的典型。改革开放初期，浙江形成了"小商品、大市场""农村工业化+专业市场"的经济发展模式，并逐步发展为以专业市场和小商品市场为主要特征的块状经济。块状经济被认为是产业集群的初级形态，其特点是产品相似度高、产业链较短、上下游产业链尚不完善。由于块状经济已有产业集群的特征，在不作严格区分的情况下，研究者通常将浙江"块状经济"与浙江产业集群的范畴统一起来。如马刚指出，20 世纪 80 年代中后期以来，以浙江传统产业块状经济为代表的产业集群发展迅速，产业群数量多，整体规模大，集群效应凸显。[1] 块状经济往往能带动当地的经济和社会发展，因而往往又被称为区域特色经济。[2]

集聚是指同类产品的生产活动具有的在地理上集中的倾向。对产业集聚的界定，基于不同视角得出的观点有差异。周力将产业集聚定义为，同一产业在某个特定地理区域内高度集中、产业资本要素在范围内不断汇聚的一个过程。[3] 孙洛平、孙海琳认为产业集聚是指特定产业以及支撑和关联产业在一定地域范围内具有排他性的地理集中倾向，是一个动态的过程。并认为产业集聚有两种含义：其一，

---

[1] 马刚：《产业集群演进机制和竞争优势研究述评》，《科学学研究》2005 年第 2 期。

[2] 黄勇：《浙江"块状经济"模式的作用及其经验》，《宏观经济研究》1999 年第 5 期。

[3] 周力：《产业集聚、环境规制与畜禽养殖半点源污染》，《中国农村经济》2011 年第 2 期。

在一定地域范围内集中的产业会对同类型的产业产生排斥；其二，在一定区域范围内，同一产业若同时发展出多个在地理上相分离的生产点，这些生产点之间的距离又足够靠近，那么相互之间的排他性竞争就会发生。① 还有的研究认为产业集聚不仅是单一产业在空间上的不断集中，更伴随着相关产业的协同集聚。②

对于产业集群与产业集聚的关系，部分研究认为二者存在差异，一种观点认为，产业集聚更侧重产业的同质性和产业间的经济联系，强调同一产业内各企业的集聚，是一种指向性的集聚。徐康宁认为产业集聚是指相同的产业高度集中于某个特定地区的一种产业成长现象。③ 而产业集群是不同产业之间的集聚，是具有竞争与合作关系，有交互关联性的企业、专业化供应商等相关机构组成的群体在一定地域范围内的地理集中。波特的集群理论即包括二三产业的集群。④ 另一种观点认为，产业集聚是一种动态集中的过程，认为产业集群实际上是构成上下游产业链的众多企业在一定区域内的集聚的行为，形成产业集群的过程称为产业集聚，产业集群一般也用产业集聚度表示。⑤ 事实上，多数文献并未对二者做严格的区分。如沈正平等认为，产业集聚对区域经济发展的影响不仅依赖市场机制，而且依赖政府这只"看得见的手"的调节。合理有效的区域政策可以推动产业集群与区域经济的良性互动，从而提高产业和区域经济的竞争力。⑥

由此可见，产业集聚、产业集群和块状经济之间联系紧密，很

---

① 孙洛平、孙海琳：《产业集聚的交易费用理论》，中国社会科学出版社2006年版。
② Ellison G., Glaeser E. L., "Geographic Concentration in U. S. Manufacturing Industries: A Dartboard Approach", *Journal of Political Economy*, 1997, 105 (5): 889-927.
③ 徐康宁：《开放经济中的产业集群与竞争力》，《中国工业经济》2001年第11期。
④ 陈建军、胡晨光：《产业集聚的集聚效应——以长江三角洲次区域为例的理论和实证分析》，《管理世界》2008年第6期。
⑤ 罗勇、曹丽莉：《中国制造业集聚程度变动趋势实证研究》，《统计研究》2005年第8期。
⑥ 沈正平、刘海军、蒋涛：《产业集群与区域经济发展探究》，《中国软科学》2004年第2期。

多文献将这三者混用。至于三者之间的区别,块状经济是产业集群的初级形态,最初以专业市场和小商品市场为主要特征,通过产业集聚,以及上下游产业链不断延长和完善,最终形成相关联产业不断集聚的产业集群。

二 产业集群与经济发展

关于产业集群与经济发展之间关系的研究一直是学者关注的重点,文献主要聚焦以下方面。

一是产业集群与竞争力之间的关系。产业集群是作为提高生产力的商业环境以及区域竞争力和创新的决定因素而提出的。[1] Porter 提出产业集群有助于降低交易费用,实现外部规模化生产,进而提升经济竞争力。[2] 魏后凯认为产业集群将通过降低成本、刺激创新、提高效率、加剧竞争等多种途径提升整个区域的竞争能力,并形成一种非集群和集群外企业所无法拥有的集群竞争力。[3] 与之相反,部分学者也认为产业集群并非总是有助于提升竞争力,他们认为产业集群存在发展阶段和周期问题,不同发展阶段对经济的影响作用并不相同。[4] 产业集群最初在区域内形成简单的企业扎堆,经由发展逐渐形成较为完整协调的分工与合作系统,并伴随集群结构的巨大变化,高效的产业集群能够以创新为导向降低创新费用,提高创新绩效,最终影响区域竞争力的整体提升,[5] 但当产业集群在发展过程中无法有效应对外部经济、技术、市场、政策等环境变化影响时,也会表

---

[1] 王缉慈:《关于中国产业集群研究的若干概念辨析》,《地理学报》2004 年第 S1 期。

[2] Porter M. E. , "Clusters and the New Economics of Competition", *Harvard Business Review*, 1998, 76 (6): 77-90.

[3] 魏后凯:《对产业集群与竞争力关系的考察》,《经济管理》2003 年第 6 期。

[4] Knoblauch V. , "Generalizing Location Games to A Graph", *Journal of Industrial Economics* 1991, 40 (2): 683-688.

[5] 池仁勇:《区域中小企业创新网络形成、结构属性与功能提升:浙江省实证考察》,《管理世界》2005 年第 10 期。

现出步入衰退状态。

二是产业集群与经济增长之间的关系。Perroux 在《经济空间：理论与应用》中提出的增长极理论也对产业集聚与经济增长之间的关系进行了研究，他认为区域经济增长来源于增长极，而增长极是位于区域中的一组扩张中的、诱导区域经济活动进一步发展的产业，而产业的集群效应会促进区域经济增长。[①] Martin 和 Ottaviano 通过建立空间集聚自我强化模型得出区域经济活动的空间集聚降低了创新成本，从而刺激了经济增长。[②] 吴勤堂也从正向和负向两方面对产业集群与经济发展之间的互动关系做了详细探讨。他认为正是产业集群所发挥出的规模经济、范围经济和强大的溢出效应，带动了所在区域乃至整个国家经济的发展，但是，当聚集达到一定规模后将会出现地价上涨、交通拥挤、环境污染等问题，使企业的经济效益下滑。生态环境胁迫又通过人口驱逐、资本排斥、资金争夺和政策干预对城市发展产生约束。[③]

三是产业集群与技术创新。Furman 等提出的国家创新能力理论中认为，创新基础设施、基于产业集群的微观创新环境以及产业集群与创新基础设施的联结质量三方面是影响国家创新能力的因素。[④] 吴勤堂也认为产业集群内的关联企业由于地理位置接近联系频繁，便于现场参观和沟通交流，从而能更好地了解市场需求和科技变化，利于企业对市场和技术方向的把握，促使企业合作创新。[⑤] 与之不同，张杰等认为集群对创新存在双重作用，一方面，有利于创新信

[①] Perroux F., "Economic Space: Theory and Applications", *The Quarterly Journal of Economics*, 1950, 64 (1): 89-104.

[②] Martin P., Ottaviano G., "Growth and Agglomeration", *International Economic Review*, 2001, 42 (4): 947-968.

[③] 吴勤堂：《产业集群与区域经济发展耦合机理分析》，《管理世界》2004 年第 2 期。

[④] Furman Jeffrey L., et al., "The Determinants of National Innovative Capacity", *Research Policy*, 2002, 31 (6): 899-933.

[⑤] 吴勤堂：《产业集群与区域经济发展耦合机理分析》，《管理世界》2004 年第 2 期。

息的溢出和扩散及创新网络的形成,激励企业更多地实施创新活动;另一方面,在知识产权保护制度缺失的环境中,集群内创新信息的低成本溢出,会激励企业更多地采用复制和模仿战略,反而会抑制企业的创新活动。[1]

三 产业集群与收入分配

产业集群对收入分配的影响主要基于产业集聚带来的地区收入差距。学术界在相关领域已取得一定的研究进展,但产业集聚与收入差距之间关系的结论仍莫衷一是。

关于产业集聚与收入差距之间关系的研究,主要从以下三种视角展开:一是研究制造业集聚对收入差距的影响。改革开放以来,中国经济取得了突飞猛进的发展,不仅带来收入水平的上升,资源配置的方式也随之发生改变,随着资源配置市场化以及全球经济一体化进程的加快,产业的空间集聚现象越来越显著,中国工业的集聚水平正处于一个不断稳步上升的阶段。制造业逐步向东部沿海聚集,并形成以中部沿海为中心,中西部逐渐沦为东部地区"外围"的"中心—外围"空间经济结构。[2] 与此同时,经济发展水平的提升并未改善地区之间的收入差距,反而出现了短暂下挫后持续上扬的趋势。[3] 进一步地,产业在空间上的集中分布所形成的集聚效应使得各个地区的真实市场潜能存在较大的差异,并导致"中心—外围"地区收入差距扩大。[4] 蔡武等研究也发现,城市制造业集聚能产生较强的集聚规模效应与外部经济,对农村劳动力转移就业具有明显的拉

---

[1] 张杰、刘志彪、郑江淮:《中国制造业企业创新活动的关键影响因素研究——基于江苏省制造业企业问卷的分析》,《管理世界》2007年第6期。

[2] 刘修岩、殷醒民、贺小海:《市场潜能与制造业空间集聚:基于中国地级城市面板数据的经验研究》,《世界经济》2007年第11期。

[3] 张平:《中国农村居民区域间收入不平等与非农就业》,《经济研究》1998年第8期。

[4] 范剑勇、谢强强:《地区间产业分布的本地市场效应及其对区域协调发展的启示》,《经济研究》2010年第4期。

动效应,城市产业集聚过程中,中国农村劳动力流动对城乡居民收入的影响目前尚处于极化效应阶段,农村劳动力流动通过加速城市产业集聚扩大了城乡收入差距。[1] 与之相反,[2] 范剑勇等认为由于高技能劳动力流动所产生的"中心—外围"模型必将导致地区间劳动力要素价格差异扩大,但是资本的跨区域流动产生的本地市场效应,使产业集聚对地区间人均收入差距产生了抑制作用。也有研究发现,产业集聚对收入差距的影响具有空间非均衡性。谢里等认为产业集聚对收入差距的影响存在地区异质性。全国整体层面和东部地区的产业集聚水平提高将有利于缩小地区收入差距,而中部和西部两大地区的产业集聚水平提高将扩大地区收入差距。[3]

二是研究服务业集聚对收入差距的影响。主要是对金融业集聚的影响作用进行研究,并涉及旅游、流通产业等少量其他行业。徐敏和张小林研究发现,金融业集聚会通过直接效应和影响产业结构升级间接对城乡居民收入差距产生显著性影响,并且不同金融业集聚产生的效果不同。银行业集聚水平的提高有助于缩小城乡居民收入差距,证券业集聚水平和保险业集聚水平的提高则会拉大城乡居民收入差距。[4] 相天东也发现,金融发展规模和金融发展效率均与城乡收入差距之间存在门槛效应,初始会拉大收入差距,但是突破门限值之后,两者均有助于缩小城乡收入差距。[5] 基于微观企业数据,李宏兵等发现,外资进入和服务业集聚水平的提升总体上有利于缩小企业工资差距。[6] 此

---

[1] 蔡武、吴国兵、朱荃:《集聚空间外部性、城乡劳动力流动对收入差距的影响》,《产业经济研究》2013年第2期。

[2] 范剑勇、谢强强:《地区间产业分布的本地市场效应及其对区域协调发展的启示》,《经济研究》2010年第4期。

[3] 谢里、谌莹、邝湘敏:《产业集聚拉大了地区收入差距吗?——来自中国制造业的经验证据》,《经济地理》2012年第2期。

[4] 徐敏、张小林:《金融集聚、产业结构升级与城乡居民收入差距》,《金融论坛》2014年第12期。

[5] 相天东:《农村金融供给侧改革对城乡收入差距门槛效应的实证研究》,《河南师范大学学报》(哲学社会科学版)2017年第6期。

[6] 李宏兵、蔡宏波、徐慧慧:《外资进入、服务业集聚与企业工资差距——基于调节机制和微观企业数据的实证研究》,《国际贸易问题》2017年第7期。

外，基于旅游业集聚视角，赵磊发现，旅游产业集聚与地区收入差距间存在线性负向关联，旅游产业集聚能够有效缓解地区收入差距，不仅如此，二者还存在非线性门槛效应，受到经济发展水平、基础设施建设与产业结构升级的影响。[1] 基于流通产业的经济效应视角，流通产业是国民经济的基础性和先导性产业，在城镇经济运行、人口就业、产业结构调整、增加居民福祉、丰富城市文化等方面发挥着十分重要的作用，[2] 并且其就业门槛较低，对学历、专业技能没有过高要求，能吸纳大量农业转移劳动力，[3] 不同于异质性人力资本，这种同质性人力资本（未受过高等教育）集聚，虽在短期内不利于地区专业化水平的提升，但从长期看，能显著缩小地区收入差距。[4] 与此观点相同，俞彤晖也认为流通产业集聚有助于缓解城乡收入差距。[5]

三是高新区作为产业集聚的载体，为产业集聚的发展提供了必要的平台，国家高新区已经成为驱动中国经济创新发展的高地，是地区高新技术产业发展的重要基地和拉动地方经济发展的重要支撑点和新增长点[6]。因此部分研究也从高新区着手，研究产业集聚与地区差距的关系。刘瑞明和赵仁杰从国家高新区建设入手认为，作为"政策试验田"和"经济特区"的国家高新区不仅可以驱动经济发展，而且通过对其合理布局，还有助于缩小地区间经济发展差距。[7]

---

[1] 赵磊：《旅游产业集聚会影响地区收入差距吗？——基于中国省际面板数据的门槛回归分析》，《旅游科学》2013年第5期。

[2] 陈丽芬：《内贸流通在新型城镇化中的功能作用及促进措施》，《中国流通经济》2015年第6期。

[3] 王晓东、谢莉娟：《论流通产业结构调整与就业增长——基于中部地区流通业对就业吸纳的贡献分析》，《财贸经济》2010年第2期。

[4] 罗勇、王亚、范祚军：《异质型人力资本、地区专业化与收入差距——基于新经济地理学视角》，《中国工业经济》2013年第2期。

[5] 俞彤晖：《流通产业集聚水平对城乡收入差距影响的实证研究——基于省际动态面板数据的系统GMM分析》，《经济纵横》2018年第8期。

[6] 吕政、张克俊：《国家高新区阶段转换的界面障碍及破解思路》，《中国工业经济》2006年第2期。

[7] 刘瑞明、赵仁杰：《国家高新区推动了地区经济发展吗？——基于双重差分方法的验证》，《管理世界》2015年第8期。

第二节 浙江产业集群的发展

一 浙江产业集群的发展历程

改革开放初期,浙江省掀起农村工业化高潮,逐渐推行"小商品、大市场""农村工业化+专业市场"的区域经济发展模式。专业市场和小商品市场快速兴起,在专业市场和小商品市场的带动下,大量乡镇企业生产的产品进入专业市场,形成了具有浙江特色的块状经济。专业市场和小商品市场越发展,块状经济的联动效应也越强;块状经济的发展,又进一步扩展和稳固了专业市场和小商品市场。

市场化改革以后,块状经济规模不断扩大,内部分工逐步深化。1998年开始,浙江省大力推进特色工业园区与乡镇工业专业区建设,对企业集聚发展发挥了重要作用,形成了"一乡一品""一县一品"的块状经济。2000年,浙江省年产值超过1亿元的块状经济达到了519个;块状经济工业总产值为5993亿元,约占全省工业总产值的49%;企业总数达23.69万家;从业人员约380万人。[①]浙江省部分制造业块状经济有:宁波电气机械、宁波金属制品、宁波塑料制品、宁波通用设备、宁波服装、宁波有色金属、宁波纺织、宁波工艺品、宁波电子通信、宁波交通运输设备、宁波文体用品、宁波专用设备、宁波化纤、宁波农副食品加工、温州鞋革、温州服装、温州乐清电器、温州塑料、温州汽摩配、温州印刷、绍兴织造、绍兴印染、绍兴纺丝、诸暨五金、诸暨织布、诸暨织袜、嵊州领带、上虞化工、嘉兴皮革、嘉兴纺织、嘉兴化纤、嘉兴服装、杭州五金机械、富阳造纸、萧山化纤、温岭泵与电机、温岭鞋帽服装、温岭汽摩、玉环汽摩配、湖州长兴化纤、临海机械电子、玉环阀门等。

块状经济的问题在于,大量企业在同一区域、同一产业领域扎堆,

---

① 《浙江省产业集群示范区建设与产业转型升级研究》,https://jxt.zj.gov.cn/art/2013/2/6/art_1570042_24677074.html,2023年7月11日。

专业化分工协作程度不高，产业内过度竞争，创新能力不足，产业总体上缺乏竞争力。2003年，习近平同志在总结浙江经济社会多年发展经验的基础上，全面系统阐释了浙江发展的八个优势，提出了指向未来的八项举措，即"八八战略"。其中第三条内容直接涉及块状经济："进一步发挥浙江的块状特色产业优势，加快先进制造业基地建设，走新型工业化道路。"通过"腾笼换鸟"和"凤凰涅槃"，淘汰块状经济中粗放、低端、污染的落后产能，改造传统产业，发展高新技术产业，实现产业结构的转型升级，加快先进制造业基地建设。

2008年国际金融危机进一步凸显了浙江省块状经济存在的问题，发展速度减缓，甚至出现负增长，产能过剩与产业竞争力不强同时存在。2010年，《浙江省人民政府关于进一步加快块状经济向现代产业集群转型升级示范区建设的若干意见》出台，确定了包括杭州装备制造业产业集群、萧山化纤纺织产业集群等在内的42个块状经济向现代产业集群转型升级示范区试点，把推动块状经济向现代产业集群转型升级工作，与建设工业强县（市、区）、创建高新区及高新技术产业基地、建设信息化和工业化深度融合国家示范区、推进产业技术创新综合试点、实施"名企名品名家"培育工程、推动"机器换人"和"腾笼换鸟"、建设特色工业设计示范基地、发展大中小企业协同创新和协同制造等工作紧密结合，助推块状经济向现代产业集群转型升级，促进工业强省建设。

经过三年多的发展，浙江省省级产业集聚区从"打基础、筑平台"的起步建设期进入"引项目、聚产业"的加速发展期。2014年，浙江省政府发布《浙江省产业集聚区提升发展方案》，强化产业的集聚整合，聚焦发展特色主导产业；加大科技投入、完善体制机制、优化创新环境，加快创建高新技术产业园区；统筹谋划产业、城市、生态功能布局，推动产城融合和一体化发展。产业集聚区得到较大程度提升。

二 浙江产业集群的现状

(一)浙江产业发展及产业集群的总体情况

1. 浙江产业发展在全国的地位

浙江 GDP 总量在全国排在前列,2021 年仅排在广东、江苏、山东之后,位列全国第四。从具体的行业来看,工业、批发和零售业是浙江省的两大优势行业,2021 年,这两个行业占全国同类行业比重远高于浙江省 GDP 在全国的占比(见图 3-1)。这有赖于浙江省产业集聚和块状经济的发展传统,在制造业规模和专业市场发展方面长期保持优势地位。

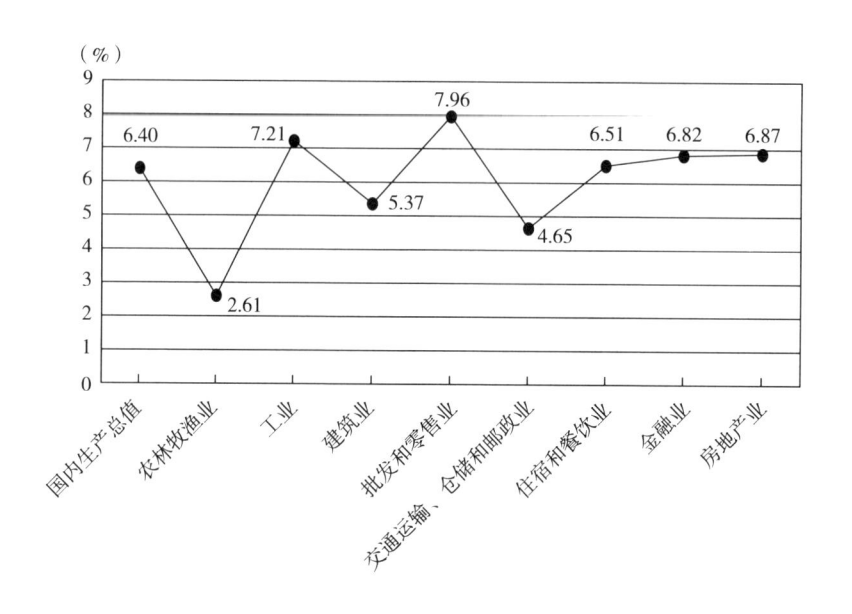

图 3-1 2021 年浙江省各行业增加值占全国的比重

资料来源:全国数据来自国家统计局,浙江省数据来自《浙江统计年鉴(2022)》。

2. 浙江工业行业相对全国的集聚特征

工业尤其是制造业,是衡量一个国家或地区综合实力和国际竞争力的重要标志。浙江是中国的制造业强省,其块状经济和产业集群主要以制造业为主。以下以工业为主,分析浙江不同工业行业的专业化水平和产业集聚程度。

度量产业集聚的指标有很多,其中区位熵具有数据易得、计算简单的特点,能较好地反映某地区的产业集聚水平。区位熵的计算公式如下:

$$LQ = \frac{\frac{q_i}{\sum q_i}}{\frac{Q_i}{\sum Q_i}}$$

其中 q_i 是某地区(如浙江)行业 i 的指标,可以是从业人员数、企业数、产值、营业收入等,$\sum q_i$ 是该地区所有行业的指标加总。Q_i 则是更高层级地区(如全国)行业 i 的指标,$\sum Q_i$ 是更高层级地区所有行业的指标加总。

区位熵是一个相对指标,其取值有三种情况,即大于1、小于1和等于1。区位熵大于1意味着某地区行业相对占比较更高层级地区的行业相对占比大,说明这个地区在该行业具有专业化优势,即具有集聚优势。区位熵越大,专业化程度和集聚程度越高。区位熵小于1意味着某地区该行业不具有专业化优势。

表3-1列出了2021年浙江工业产业规模以上企业营业收入及其区位熵。浙江民营经济发达,小企业众多,因而以规模以上企业度量的浙江各产业营业收入占比和区位熵在一定程度上被低估了。例如,以规模以上企业营业收入计算的浙江工业在全国的占比只有5.98%,而以所有企业计算的浙江工业增加值在全国工业增加值中的占比达到7.21%。由于只能获得规模以上企业的分行业产值和营业收入数据,因而这里只用规模以上企业相应数据计算。

从表3-1可以看出,浙江省大多数工业行业的规模以上企业营业收入在全国的占比均高于浙江规模以上工业营业收入在全国的占比(5.98%),其中只有采矿业,采矿相关的制造业和加工业(非金属矿物制品业、黑色金属冶炼和压延加工业、有色金属冶炼和压延加工业),食品制造业,木材加工和木、竹、藤、棕、草制品业,石油、煤炭及其他燃料加工业等行业占比较低。相对应的,除了上述列出的行业,浙江大多数工业行业的区位熵均大于1,说明浙江大多数制造业行业在全国均具有专业化和集聚优势。

从具体行业来看,浙江专业化优势最强的工业行业是化学纤维制造业,其规模以上企业营业收入占全国同行业规模以上企业营业收入的比例高达37.70%,区位熵达到6.30。其次是纺织业,浙江省纺织业规模以上企业营业收入占全国的比例为18.01%,区位熵也高达3.01。此外,家具制造业、仪器仪表制造业、通用设备制造业、电气机械和器材制造业、橡胶和塑料制品业等工业行业的区位熵也超过2。

表3-1 2021年浙江省工业产业集聚概况

	全国规模以上企业营业收入(亿元)	浙江规模以上企业营业收入(亿元)	浙江省各行业营业收入占比(%)	浙江区位熵
工业总计	1314557.30	78625.03	5.98	
采矿业				
煤炭开采和洗选业	33564.20			
黑色金属矿采选业	6033.20	1.08	0.02	0
有色金属矿采选业	3145.30	5.25	0.17	0.03
非金属矿采选业	4321.50	213.38	4.94	0.83
制造业				
农副食品加工业	55223.80	1103.89	2.00	0.33
食品制造业	21619.60	686.94	3.18	0.53
酒、饮料和精制茶制造业	16207.50	504.39	3.11	0.52
烟草制品业	12144.30			
纺织业	26548.80	4780.61	18.01	3.01
纺织服装、服饰业	15291.60	2227.94	14.57	2.44
皮革、毛皮、羽毛及其制品和制鞋业	11420.20	935.75	8.19	1.37
木材加工和木、竹、藤、棕、草制品业	10249.00	574.93	5.61	0.94

续表

	全国规模以上企业营业收入（亿元）	浙江规模以上企业营业收入（亿元）	浙江省各行业营业收入占比（%）	浙江区位熵
家具制造业	8265.40	1362.50	16.48	2.76
造纸和纸制品业	15141.60	1688.28	11.15	1.86
印刷和记录媒介复制业	7737.70	686.24	8.87	1.48
文教、工美、体育和娱乐用品制造业	14772.80	1619.43	10.96	1.83
石油、煤炭及其他燃料加工业	56087.20	3010.47	5.37	0.90
化学原料和化学制品制造业	83541.60	7428.32	8.89	1.49
医药制造业	29583.00	2103.90	7.11	1.19
化学纤维制造业	10330.10	3894.39	37.70	6.30
橡胶和塑料制品业	30309.30	3681.81	12.15	2.03
非金属矿物制品业	685123.00	4352.88	0.64	0.11
黑色金属冶炼和压延加工业	96692.50	2585.16	2.67	0.45
有色金属冶炼和压延加工业	70256.60	3622.62	5.16	0.86
金属制品业	49680.90	4860.88	9.78	1.64
通用设备制造业	49383.90	7466.20	15.12	2.53
专用设备制造业	37352.40	3087.56	8.27	1.38
汽车制造业	87724.30	6372.44	7.26	1.21
铁路、船舶、航空航天和其他运输设备制造业	18515.60	1118.12	6.04	1.01
电气机械和器材制造业	86545.90	11258.76	13.01	2.18
计算机、通信和其他电子设备制造业	147051.90	8676.93	5.90	0.99
仪器仪表制造业	9749.00	1522.22	15.61	2.61
其他制造业	2832.70	307.19	10.84	1.81
废弃资源综合利用业	9514.30	530.41	5.57	0.93
金属制品、机械和设备修理业	1607.80	130.76	8.13	1.36
电力、燃气及水的生产和供应业				
电力、热力生产和供应业	79412.80	5785.85	7.29	1.22
燃气生产和供应业	12631.60	826.60	6.54	1.09
水的生产和供应业	4225.10	333.56	7.89	1.32

资料来源：全国数据来自《中国统计年鉴（2022）》，浙江省数据来自《浙江统计年鉴（2022）》。

(二) 浙江各地级市制造业产业集聚概况

由于浙江制造业行业集聚优势明显，下面主要分析浙江各市制造业产业集聚情况。具体结果见表3-2和表3-3。

1. 浙江各地级市制造业产业区位熵

表3-2列出了浙江各地级市制造业行业在省内的区位熵。杭州市在烟草制品业，酒、饮料和精制茶制造业，医药制造业，计算机、通信和其他电子设备制造业4个行业的区位熵超过2，其中烟草制品业的规模以上企业主要在杭州，浙江其他城市没有烟草制品业的规模以上企业，因而杭州市在该行业的区位熵达到3.32。杭州是西湖龙井产地，因而杭州市的酒、饮料和精制茶制造业区位熵较高。此外，食品制造业、仪器仪表制造业、化学纤维制造业、通用设备制造业、非金属矿物制品业以及橡胶和塑料制品业6个行业的区位熵也大于1，即浙江省内，杭州市在这些制造业行业具有专业化和集聚优势。

宁波市在石油、煤炭及其他燃料加工业，汽车制造业，文教、工美、体育和娱乐用品制造业，纺织服装、服饰业，化学原料和化学制品制造业，仪器仪表制造业，电气机械和器材制造业，专用设备制造业，有色金属冶炼和压延加工业，计算机、通信和其他电子设备制造业10个行业在浙江省内具有专业化和集聚优势。其中，石油、煤炭及其他燃料加工业的区位熵超过2，仅低于舟山市，这主要依赖宁波舟山港的区位优势。

温州市在皮革、毛皮、羽毛及其制品和制鞋业，印刷和记录媒介复制业，仪器仪表制造业的区位熵大于2，其中皮革、毛皮、羽毛及其制品和制鞋业的区位熵高达6.97，这与温州市鞋革的块状经济传统直接相关。此外，温州市电气机械和器材制造业，纺织服装、服饰业，其他制造业，橡胶和塑料制品业，通用设备制造业，专用设备制造业，有色金属冶炼和压延加工业，非金属矿物制品业8个行业的区位熵也大于1。不过总体来看温州市具有集聚优势的制造业主要是较为传统的行业。

绍兴市纺织业的集聚优势明显，区位熵达到 3.16，是传统的纺织业块状经济和纺织业专业市场的延续。此外，绍兴市有色金属冶炼和压延加工业，化学纤维制造业，医药制造业，酒、饮料和精制茶制造业，专用设备制造业，化学原料和化学制品制造业，文教、工美、体育和娱乐用品制造业，印刷和记录媒介复制业，纺织服装、服饰业，其他制造业 10 个行业也具有一定的集聚优势。近年来绍兴市引入集成电路产业集群，提高了其专用设备制造业集聚优势。不过化学纤维制造业、化学原料和化学制品制造业均与纺织印染有关，综合来看，绍兴市还是主要围绕纺织业形成产业集聚。

嘉兴市在化学纤维制造业，纺织业，造纸和纸制品业，化学原料和化学制品制造业，木材加工和木、竹、藤、棕、草制品业，食品制造业，废弃资源综合利用业，计算机、通信和其他电子设备制造业，印刷和记录媒介复制业，非金属矿物制品业，皮革、毛皮、羽毛及其制品和制鞋业，家具制造业，纺织服装、服饰业，金属制品业，农副食品加工业 15 个行业具有专业化和集聚优势。其中集聚优势最明显的是化学纤维制造业，区位熵达到 2.14。

台州市在医药制造业，其他制造业，铁路、船舶、航空航天和其他运输设备制造业，橡胶和塑料制品业，专用设备制造业，通用设备制造业，汽车制造业，皮革、毛皮、羽毛及其制品和制鞋业，废弃资源综合利用业，家具制造业，仪器仪表制造业，文教、工美、体育和娱乐用品制造业 12 个行业具有集聚优势。其中医药制造业、其他制造业的区位熵超过 4，台州市是全国唯一的国家级化学原料药出口基地，是浙江省规模最大的医药集聚区。

金华市在铁路、船舶、航空航天和其他运输设备制造业，金属制品业，文教、工美、体育和娱乐用品制造业，其他制造业，纺织服装、服饰业，食品制造业，有色金属冶炼和压延加工业，造纸和纸制品业，纺织业，电气机械和器材制造业，非金属矿物制品业，家具制造业，医药制造业 13 个制造业行业具有一定的专业化和集聚优势。金华的义乌市是国际著名的小商品市场,以义乌小商品市场为基础,金华在小商品制造方面自然地形成了集聚优势。

舟山市在金属制品、机械和设备修理业,石油、煤炭及其他燃料加工业,农副食品加工业,铁路、船舶、航空航天和其他运输设备制造业,专用设备制造业5个行业具有专业化和集聚优势。

湖州市在木材加工和木、竹、藤、棕、草制品业,家具制造业,非金属矿物制品业,化学纤维制造业,废弃资源综合利用业,酒、饮料和精制茶制造业,纺织业,黑色金属冶炼和压延加工业,食品制造业,农副食品加工业,医药制造业,通用设备制造业,电气机械和器材制造业13个行业具有专业化和集聚优势。湖州市在绿色家居产业方面具有传统优势,因而与家居相关的木材加工和木、竹、藤、棕、草制品业,家具制造业较为发达,这两个行业的区位熵均超过5。

丽水市在黑色金属冶炼和压延加工业,废弃资源综合利用业,木材加工和木、竹、藤、棕、草制品业,皮革、毛皮、羽毛及其制品和制鞋业,文教、工美、体育和娱乐用品制造业,铁路、船舶、航空航天和其他运输设备制造业,非金属矿物制品业7个行业具有一定的集聚优势。

衢州市在造纸和纸制品业,木材加工和木、竹、藤、棕、草制品业,黑色金属冶炼和压延加工业,酒、饮料和精制茶制造业,化学原料和化学制品制造业,有色金属冶炼和压延加工业,食品制造业,非金属矿物制品业,农副食品加工业,废弃资源综合利用业,印刷和记录媒介复制业11个制造业行业具有专业化和集聚优势。其中衢州市在造纸和纸制品业,木材加工和木、竹、藤、棕、草制品业两个行业的区位熵超过5。

表3-2　　　　　　　浙江省各市制造业行业区位熵

	杭州	宁波	温州	绍兴	嘉兴	台州	金华	舟山	湖州	丽水	衢州
农副食品加工业	0.77	0.54	0.97	0.57	1.06	0.66	0.78	7.27	1.16	0.69	1.44

续表

	杭州	宁波	温州	绍兴	嘉兴	台州	金华	舟山	湖州	丽水	衢州
食品制造业	1.92	0.44	0.78	0.24	1.42	0.47	1.55	0.15	1.24	0.25	1.65
酒、饮料和精制茶制造业	2.28	0.29	0.44	1.68	0.51	0.55	0.40	0.06	1.39	1.00	3.52
烟草制品业	3.32	0	0	0	0	0	0	0	0	0	0
纺织业	0.79	0.32	0.39	3.16	1.81	0.28	1.38	0.04	1.38	0.42	0.35
纺织服装、服饰业	0.49	1.45	1.84	1.18	1.15	0.05	1.84	0.01	0.48	0.17	0.28
皮革、毛皮、羽毛及其制品和制鞋业	0.65	0.07	6.97	0.11	1.17	1.50	0.45	0	0.16	2.88	0.73
木材加工和木、竹、藤、棕、草制品业	0.24	0.10	0.15	0.14	1.53	0.46	0.97	0	5.78	4.24	5.21
家具制造业	0.06	0.54	0.20	0.69	1.16	1.44	1.06	0	5.03	0.50	0.37
造纸和纸制品业	0.88	0.56	0.88	0.49	1.70	0.54	1.38	0.21	0.75	0.53	5.72
印刷和记录媒介复制业	0.68	0.84	2.52	1.23	1.29	0.92	1.00	0.03	0.61	0.49	1.06
文教、工美、体育和娱乐用品制造业	0.52	1.53	0.76	1.28	0.46	1.02	2.20	0.02	0.85	2.36	0.21
石油、煤炭及其他燃料加工业	0.03	2.23	0.09	0	0.07	0	0.01	17.92	0.06	0.02	0.01
化学原料和化学制品制造业	0.71	1.30	0.49	1.40	1.58	0.42	0.41	0.03	0.68	0.96	2.33
医药制造业	2.13	0.19	0.23	1.78	0.17	4.34	1.03	0.06	1.16	0.68	0.40
化学纤维制造业	1.40	0.25	0.21	2.19	2.14	0.04	0.38	0.03	1.93	0.01	0.43
橡胶和塑料制品业	1.06	0.75	1.41	0.88	0.97	2.50	0.97	0.04	0.67	0.91	0.58
非金属矿物制品业	1.11	0.46	1.02	0.97	1.28	0.57	1.15	0.47	2.24	1.16	1.63
黑色金属冶炼和压延加工业	0.29	0.85	0.80	0.60	0.94	0.19	0.89	0	1.37	11.01	4.62
有色金属冶炼和压延加工业	0.84	1.09	1.04	2.52	0.18	0.19	1.38	0	0.88	0.87	1.72

续表

	杭州	宁波	温州	绍兴	嘉兴	台州	金华	舟山	湖州	丽水	衢州
金属制品业	0.81	0.94	0.94	0.59	1.09	0.88	2.57	0.39	0.93	1.00	0.65
通用设备制造业	1.14	0.86	1.18	0.97	0.81	2.17	0.65	0.17	1.13	0.98	0.64
专用设备制造业	0.77	1.15	1.15	1.48	0.62	2.43	0.59	1.04	0.96	0.53	0.43
汽车制造业	0.76	1.99	0.92	0.30	0.52	1.78	0.69	0.19	0.40	0.32	0.09
铁路、船舶、航空航天和其他运输设备制造业	0.69	0.81	0.50	0.22	0.10	3.67	2.79	4.03	0.13	1.78	0.23
电气机械和器材制造业	0.89	1.17	1.90	0.70	0.84	0.57	1.22	0.06	1.12	0.66	0.71
计算机、通信和其他电子设备制造业	2.09	1.06	0.47	0.33	1.30	0.29	0.74	0.01	0.34	0.13	0.72
仪器仪表制造业	1.74	1.23	2.11	0.34	0.55	1.24	0.45	0.08	0.25	0.12	0.30
其他制造业	0.59	0.73	1.47	1.04	0.71	4.16	2.12	0	0.72	0.70	0.30
废弃资源综合利用业	0.78	0.13	0.30	0.88	1.33	1.49	0.55	0.09	1.89	7.00	1.25
金属制品、机械和设备修理业	0.27	0.35	0	0.05	0	0.16	0	34.56	0	0	0

资料来源：根据2022年《浙江统计年鉴》和各市统计年鉴中各制造业行业规模以上企业总产值计算。需要说明的是，2022年《台州统计年鉴》中没有规模以上企业总产值数据，只有规模以上企业增加值数据，本表使用规模以上企业增加值计算台州市各制造业区位熵。由于区位熵是相对度量指标，使用增加值数据不会影响主要结论。

2. 浙江各地级市规模以上制造业产业分布

从各地级市的区位熵分布可以看出，浙江各地级市具有区位优势的产业相对较为分散，这是浙江省"一乡一品""一县一品"的块状经济传统的延续，也使得浙江省的产业相对集中，省内区域间的竞争较小，产业集聚度较高，进而容易形成产业集群。这个结论可以从各地级市规模以上制造业产业产值在全省的占比（见表3-3）可以看出，浙江省大多数制造业行业的产值多集中在某几个城市。

例如，食品制造业主要集中在杭州和嘉兴；酒、饮料和精制茶制造业主要集中在杭州和绍兴;纺织业也主要集中在绍兴、嘉兴和杭州;皮革、毛皮、羽毛及其制品和制鞋业超过一半产值在温州;木材加工和木、竹、藤、棕、草制品业以及家具制造业主要在湖州和嘉兴;造纸和纸制品业主要集中在嘉兴、杭州、衢州和宁波;宁波在文教、工美、体育和娱乐用品制造业的规模以上产值占比也超过1/3;石油、煤炭及其他燃料加工业基本在宁波和舟山,其他城市几乎为零;宁波和嘉兴在化学原料和化学制品制造业的规模以上企业产值占比超过全省的一半;医药制造业主要集中在杭州和绍兴;通用设备制造业主要集中在杭州和宁波,专用设备制造业则除了杭州和宁波,绍兴市产值占比也较高,正如前文所述,这得益于绍兴市近年来引进的较为完备的集成电路产业;汽车制造业主要集中在宁波和杭州,其中宁波规模以上产值占比接近一半;计算机、通信和其他电子设备制造业,仪器仪表制造业也主要集中在宁波和杭州;金属制品、机械和设备修理业超过80%的产值集中在舟山。

表3-3 浙江省各地级市规模以上制造业产业产值在全省的占比 单位:%

	杭州	宁波	温州	绍兴	嘉兴	台州	金华	舟山	湖州	丽水	衢州
农副食品加工业	14.31	13.00	7.06	4.95	14.95	0.98	5.02	17.85	7.59	1.08	3.86
食品制造业	35.77	10.57	5.68	2.05	19.98	0.69	9.96	0.36	8.13	0.39	4.43
酒、饮料和精制茶制造业	42.48	7.02	3.18	14.62	7.16	0.82	2.55	0.16	9.10	1.55	9.43
烟草制品业	61.84	0	0	0	0	0	0	0	0	0	0
纺织业	14.74	7.55	2.80	27.50	25.58	0.41	8.90	0.09	9.03	0.66	0.93
纺织服装、服饰业	9.16	34.76	13.32	10.27	16.21	0.07	11.85	0.02	3.12	0.26	0.74
皮革、毛皮、羽毛及其制品和制鞋业	12.07	1.59	50.57	0.95	16.55	2.21	2.88	0	1.07	4.49	1.95

续表

	杭州	宁波	温州	绍兴	嘉兴	台州	金华	舟山	湖州	丽水	衢州
木材加工和木、竹、藤、棕、草制品业	4.47	2.47	1.07	1.23	21.53	0.68	6.27	0	37.89	6.61	13.94
家具制造业	1.20	12.96	1.46	6.03	16.35	2.12	6.81	0.01	32.95	0.78	0.99
造纸和纸制品业	16.32	13.38	6.35	4.31	24.02	0.80	8.90	0.51	4.92	0.82	15.33
印刷和记录媒介复制业	12.64	19.96	18.28	10.70	18.20	1.35	6.43	0.06	3.99	0.77	2.84
文教、工美、体育和娱乐用品制造业	9.70	36.66	5.52	11.14	6.45	1.51	14.16	0.05	5.54	3.68	0.56
石油、煤炭及其他燃料加工业	0.48	53.23	0.67	0.01	1.04	0.01	0.08	44.00	0.42	0.02	0.02
化学原料和化学制品制造业	13.16	30.94	3.56	12.15	22.31	0.62	2.62	0.08	4.47	1.50	6.23
医药制造业	39.63	4.58	1.67	15.48	2.34	6.40	6.62	0.15	7.59	1.05	1.06
化学纤维制造业	26.16	6.08	1.55	19.03	30.21	0.06	2.42	0.06	12.63	0.01	1.16
橡胶和塑料制品业	19.72	17.94	10.21	7.66	13.66	3.69	6.23	0.11	4.40	1.42	1.55
非金属矿物制品业	20.62	11.01	7.38	8.43	18.03	0.84	7.42	1.16	14.68	1.81	4.36
黑色金属冶炼和压延加工业	5.32	20.24	5.83	5.21	13.23	0.27	5.74	0	8.99	17.18	12.36
有色金属冶炼和压延加工业	15.59	25.98	7.51	21.93	2.48	0.29	8.92	0.01	5.79	1.36	4.60
金属制品业	15.00	22.56	6.81	5.17	15.33	1.30	16.53	0.96	6.11	1.57	1.75
通用设备制造业	21.30	20.60	8.55	8.41	11.39	3.20	4.21	0.41	7.39	1.53	1.73
专用设备制造业	14.40	27.49	8.36	12.85	8.79	3.59	3.80	2.55	6.26	0.83	1.15
汽车制造业	14.12	47.43	6.69	2.64	7.37	2.63	4.45	0.46	2.65	0.50	0.24
铁路、船舶、航空航天和其他运输设备制造业	12.76	19.40	3.66	1.93	1.48	5.42	17.96	9.89	0.83	2.78	0.63
电气机械和器材制造业	16.66	27.99	13.75	6.10	11.84	0.84	7.84	0.14	7.37	1.02	1.89

续表

	杭州	宁波	温州	绍兴	嘉兴	台州	金华	舟山	湖州	丽水	衢州
计算机、通信和其他电子设备制造业	39.00	25.38	3.39	2.90	18.38	0.43	4.75	0.03	2.25	0.20	1.92
仪器仪表制造业	32.45	29.33	15.35	2.99	7.73	1.83	2.91	0.21	1.63	0.19	0.79
其他制造业	10.98	17.47	10.64	9.09	10.00	6.14	13.64	0	4.73	1.09	0.81
废弃资源综合利用业	14.59	3.00	2.18	7.66	18.78	2.20	3.54	0.22	12.41	10.92	3.35
金属制品、机械和设备修理业	5.11	8.42	0	0.45	0	0.23	0	84.84	0	0	0

资料来源：根据2022年《浙江统计年鉴》和各市统计年鉴中各制造业行业规模以上企业总产值计算。2022年《台州统计年鉴》中没有规模以上企业总产值数据，只有规模以上企业增加值数据，本表使用规模以上企业增加值数据计算，在一定程度上低估了台州市各产业产值占浙江省的比重。

三 浙江各地级市产业集群

与行业集聚状况相对应的是具体的产业集群和产业集聚区。产业集聚具有逐渐强化的特点，这导致一个区域的产业发展通常存在路径依赖。传统产业经过改造升级，形成更环保、创新性更强、生产率更高的产业集群。战略性新兴产业集群则通过引进和发展战略性新兴产业，完善产业结构和产业链，创造新的经济增长点。

表3-4列出了浙江省各地级市部分传统产业集群和战略性新兴产业集聚区。与表3-2和表3-3各地级市行业集聚特征相对比，可以发现，行业集聚特征与具体的产业集群是相互对应的。例如，绍兴市的四个传统产业集群均与纺织业有关；湖州市的传统产业集群主要围绕绿色家居行业。这也体现了产业集群在区域产业发展中的重要作用。浙江省各地级市均有各具特色的产业集群，地级市之间产业发展相似度较低，这有利于区域间经济的均衡发展。

在战略性新兴产业的布局方面，浙江省也注重结合各地级市的现有产业特征以及区位优势。例如，湖州市位于环太湖经济圈，在环保的约束下必须发展节能环保相关产业，而生物医药产业的发展则与传统产业集群中德清生物医药产业集群有关。舟山市结合其港口区位优势，发展船舶与海洋工程装备制造产业、现代港口物流产业、海洋生物医药产业等特色产业。

表 3-4　浙江省各地级市部分传统产业集群和战略性新兴产业集聚区

	传统产业集群				
杭州	杭州装备制造业产业集群	萧山化纤纺织产业集群	余杭家纺产业集群	富阳造纸产业集群	建德精细化工产业集群
宁波	慈溪家电产业集群	余姚节能照明及新光源产业集群			
温州	温州鞋业产业集群	温州服装产业集群	乐清工业电气产业集群	瑞安汽摩配产业集群	永嘉泵阀产业集群
湖州	长兴蓄电池产业集群	南浔木地板产业集群	安吉椅业产业集群	德清生物医药产业集群	湖州织里童装产业集群
嘉兴	海宁皮革产业集群	平湖光机电产业集群	桐乡濮院秀洲洪合针织产业集群	嘉兴港区化工新材料产业集群	嘉善电子信息产业集群	嘉兴光伏产业集群
绍兴	柯桥纺织产业集群	嵊州领带产业集群	诸暨大唐袜业产业集群	新昌轴承产业集群	
金华	金华汽车和零部件产业集群	永康五金产业集群	兰溪棉纺织产业集群	武义特色装备制造产业集群	
衢州	衢州氟硅产业集群				
舟山	舟山海洋生物与海产品深加工产业集群	舟山船舶修造产业集群			
台州	台州医化产业集群	黄岩模具产业集群	温岭泵业产业集群	路桥金属资源再生产业集群	临海休闲用品产业集群	玉环汽摩配产业集群
丽水	缙云机床产业集群	遂昌金属制品产业集群			

续表

战略性新兴产业集聚区	
杭州	杭州大江东产业集聚区：集中发展新能源运输装备产业，重点培育智能制造装备产业、新能源产业等特色产业
	杭州城西科创产业集聚区：集中发展科技服务业，未来科技城重点培育新一代信息技术产业、生物医药产业等特色产业，青山湖科技城重点培育智能制造装备产业、节能环保产业等特色产业
宁波	宁波杭州湾产业集聚区：集中发展汽车整车及关键零部件产业，重点培育新材料产业、通用航空产业等特色产业
	宁波梅山国际物流产业集聚区：集中发展国际商贸和金融创新服务业，重点培育港口物流业、高端基础装备产业等特色产业
温州	温州瓯江口产业集聚区：集中发展临港产业，重点培育新能源产业、节能环保产业等特色产业
	温州浙南沿海先进装备产业集聚区：集中发展交通运输装备制造业，重点培育机械装备制造业、高分子新材料产业等特色产业
嘉兴	嘉兴现代服务业集聚区：集中发展科技服务业，重点培育新一代信息技术产业、商贸金融服务业等特色产业
湖州	湖州南太湖产业集聚区：集中发展节能环保产业，重点培育现代物流装备产业、生物医药产业等特色产业
绍兴	绍兴滨海产业集聚区：集中发展生物医药产业，重点培育通用航空产业、智能制造装备产业等特色产业
金华	金华新兴产业集聚区：集中发展电子商务产业，重点培育现代物流产业、交通运输装备产业等特色产业
	义乌商贸服务业集聚区：集中发展商贸服务业，重点培育现代物流产业、物联网产业等特色产业
衢州	衢州绿色产业集聚区：集中发展新材料产业，重点培育节能环保产业、新能源产业等特色产业
舟山	舟山海洋产业集聚区：集中发展船舶与海洋工程装备制造产业，重点培育现代港口物流产业、海洋生物医药产业等特色产业
台州	台州湾循环经济产业集聚区：集中发展高端装备制造业，重点培育生物医药产业、新材料产业等特色产业
丽水	丽水生态产业集聚区：集中发展节能环保产业，重点培育现代中医药产业，改造提升生态合成革产业

资料来源：传统产业集群来自《块状经济向现代产业集群转型升级示范区试点名单（2013年）》，战略性新兴产业集聚区来自《浙江省产业集聚区提升发展方案》。

第三节　产业集群与浙江共同富裕

一　产业集群与浙江经济发展和收入差距

（一）浙江产业集群与经济发展

产业集群在浙江省经济发展过程中起到非常重要的作用，这是毋庸置疑的，现有关于浙江省产业集群对其经济发展影响的研究基本得到了较为相近的结论。只是关于产业集群对浙江省经济发展的影响机制的研究存在一定的差异。

改革开放以来，浙江省创造了上百个具有专业化分工协作特点、年产值几十亿乃至上百亿的产业集群。在产业集群内部，都是由成千上万的中小企业构成，它们既相互竞争，又相互合作，一般立足于传统的中低档产品生产，并以集群优势，在国内市场上取得强劲的竞争力。20年来，这些企业与时俱进，不断发展壮大，形成了规模庞大的中小企业集群，撑起了浙江经济的"大片江山"，创造了具有浙江特色的经济发展模式。已有学者也对此进行了相关的研究，主要体现在以浙江产业集群为样本进行的研究。一是通过产业集群能够吸引外资促进地方可持续发展，朱华晟认为集群战略日益广泛地被运用于招商引资，旨在增强地区对外资的吸引力与黏合力，从而促进地方持续发展，并以浙江嘉善木业集群为例，得出外资的确能够成为地方产业集群的重要主体。[1] 二是产业集群产生的社会网络效应会影响资源流动速度及创新绩效。吕文栋和朱华晟通过研究浙江集群的案例表明，地方企业家的行为会引发外部效应（示范效应和竞争效应），激励地方持续创新，也会通过创建地方产业网络，重新配置地方要素资源，并促进资源、技术与信息在整个地区的流动与传递。但是，当模仿创新达到一定程度时，集群的创新会因"搭

---

[1] 朱华晟：《基于FDI的产业集群发展模式与动力机制——以浙江嘉善木业集群为例》，《中国工业经济》2004年第3期。

便车"而陷入"囚徒困境",导致外部经济由升转降。① 王晓娟通过选取浙江台州的黄岩模具产业集群作为研究对象,得出集群中知识的流动具有选择性和不对称性特征,集群企业并不能均等地共享"产业空气"带来的溢出效应,进而形成了企业间创新绩效的差异。集群知识网络开放度、网络中心度、关系质量和关系稳定性对集群企业创新绩效均存在正向影响。② 此外,基于块状经济视角,徐维祥和唐根年认为区域块状经济的形成和发展为浙江省面广量大的中小企业构筑了一种有效的空间集群地域组织模式,其所产生的良好规模效应和相应的人口空间聚集效应,能够显著促进农村城镇化的发展。③ 黄勇认为块状经济具有群体规模经济优势,通过比较充分的专业化分工和相对完善的社会化服务使中小企业实现了"内部规模经济"和"外部规模经济"。他认为块状经济模式使浙江农村面貌发生了巨大变化,加快了农村的工业化步伐,提高了农民收入水平,并推动了城市化进程。④

图 3-2 描绘了浙江省各地级市的人均 GDP 变化趋势。将具体城市的经济发展,结合前文对产业集群的分析,可以发现,产业集群规模最大、数量较多的杭州市和宁波市是浙江省人均 GDP 最高的两个城市。舟山市在 2005 年尤其是 2010 年以后发展迅速,这得益于 2003 年以来浙江的海洋经济强省建设战略。2009 年 12 月 25 日,中国最大的岛陆联络工程——舟山跨海大桥正式通车。2015 年 9 月,宁波港集团、舟山港集团重组,宁波舟山港正式成为国家主枢纽港之一。浙江省形成了以宁波舟山港为主体和枢纽,嘉兴港、温州港、台州港、义乌陆港以及内河港口联动发展的新格局。宁波和舟山港

---

① 吕文栋、朱华晟:《浙江产业集群的动力机制——基于企业家的视角》,《中国工业经济》2005 年第 4 期。
② 王晓娟:《知识网络与集群企业创新绩效——浙江黄岩模具产业集群的实证研究》,《科学学研究》2008 年第 4 期。
③ 徐维祥、唐根年:《浙江区域块状经济在城镇化进程中的运行绩效分析》,《经济地理》2004 年第 1 期。
④ 黄勇:《浙江"块状经济"模式的作用及其经验》,《宏观经济研究》1999 年第 5 期。

(元)

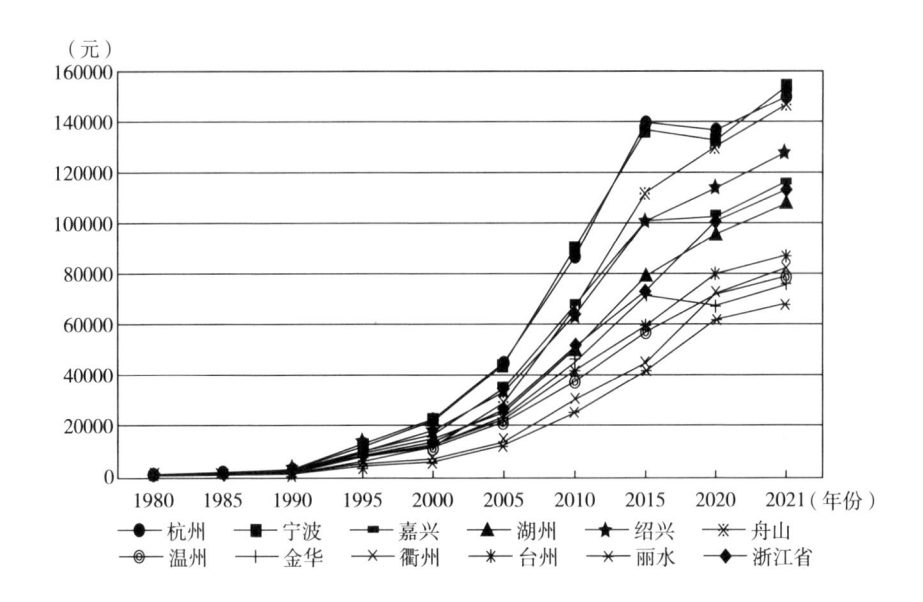

图 3-2 浙江省各地级市人均 GDP 变化趋势

资料来源：历年《浙江统计年鉴》。

的重组使甬舟一体化，通过进一步优化海洋相关产业集聚，舟山经济实现了跨越式发展。嘉兴和湖州产业集群数量较多，绍兴纺织业产业集群规模庞大，使得这三个城市发展迅速，也成为浙江省经济发展程度较高的城市。温州和台州尽管自改革开放尤其是市场化以来通过民营企业逐步实现经济的跨越式发展，但它也存在产业集群规模较小、集中发展传统制造业的问题，这在一定程度上制约了两个地区经济的进一步发展。衢州和丽水地处浙西南山区，受制于地理区位因素，产业集聚受限，这两个城市产业集群数量很少，产业基础也较薄弱，是浙江省经济发展最落后的区域。总体而言，产业集聚和产业集群是区域经济发展的重要推动力。

（二）产业集群与浙江收入差距

基于产业集群、块状经济与收入分配关系的研究相对较少，尤其是聚焦到具体区域，很难对浙江省产业集群的经济效应进行有效评估，仅能从以浙江为样本的实证检验中得到相关经验借鉴。根据文献梳理，多数研究认可浙江产业集群在提升农村收入水平方面的作用，认为产业集群能有效缓解城乡收入差距。如康伊在研究中认为浙江的产业集群在相当大程度上解决了农村剩余劳动力的转移问题，实现了就地转化为产业工人，并且缩小了城乡收入差距。[①] 王会龙认为产业集群具有孵化新企业的功能，会源源不断地孕育出家庭工业和中小企业，这些家庭工业发展会促进农民创业致富，缩小城乡收入差距。[②] 林小燕认为浙江产业集群的发展整合了城乡空间关系，加速了农村城镇化，并由此衍生出农民生活方式和思维方式的转变，有效抑制了城乡差距的扩散，但是她同时也提出，仅通过建立一个或几个集群就认为一定会缩小城乡收入差距的观念不可取。[③]

现有文献多集中于浙江省产业集群对城乡收入差距影响的研究，理论上，产业集群也可以通过拉动区域外的关联产业发展而呈现外溢特征，如果这种外溢效应更多地由省内本区域外的城市获得，则有利于缩小省内的区域差距。宁波舟山港一体化发展就直接带动了舟山的经济发展，浙江省也形成了以宁波舟山港为主体和枢纽，嘉兴港、温州港、台州港、义乌陆港以及内河港口联动发展的新格局。交通运输的联动和一体化发展也进一步强化了各地的产业集聚外溢效应，进而有利于缩小区域间的收入差距。

数据显示，与经济同样较为发达的江苏省和广东省相比，浙江省各城市产业集群发展相对较为均衡，这可能也是其收入差距相对较小的一个重要原因。图3-3使用省内各城市人均GDP的变异系数度量省内区域差距，图3-4使用城乡居民家庭人均收入之比度量城乡收入差距。从图中可以看出，与入选全国先进制造业产业集群数量

[①] 康伊：《产业集群与城乡收入差距的变动研究》，《中国科技产业》2006年第5期。
[②] 王会龙：《城乡统筹下浙江省农村家庭工业集约化发展探析》，《经济研究导刊》2011年第33期。
[③] 林小燕：《集群视角下的城乡统筹发展：以浙江省为例》，《农业经济》2010年第4期。

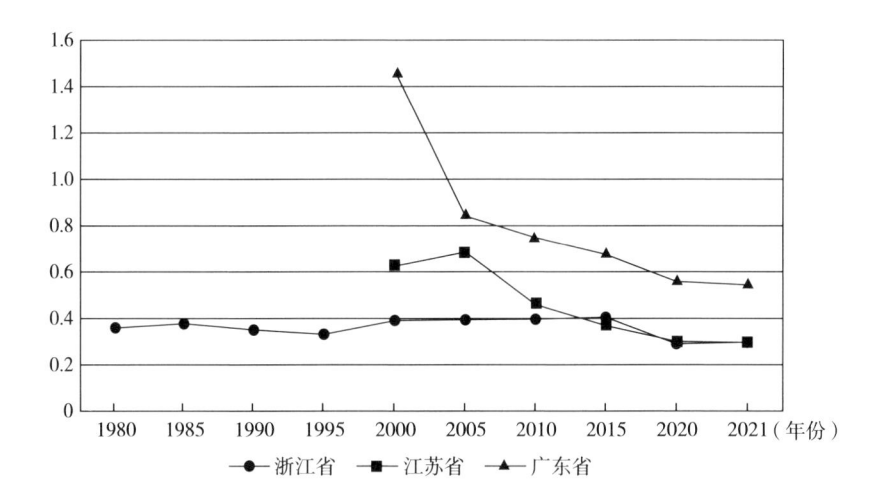

94 以现代化产业体系建设推进共同富裕的浙江探索

图 3-3 三省地级市人均 GDP 变异系数

资料来源：各省地级市人均 GDP 数据来自历年《中国城市统计年鉴》。

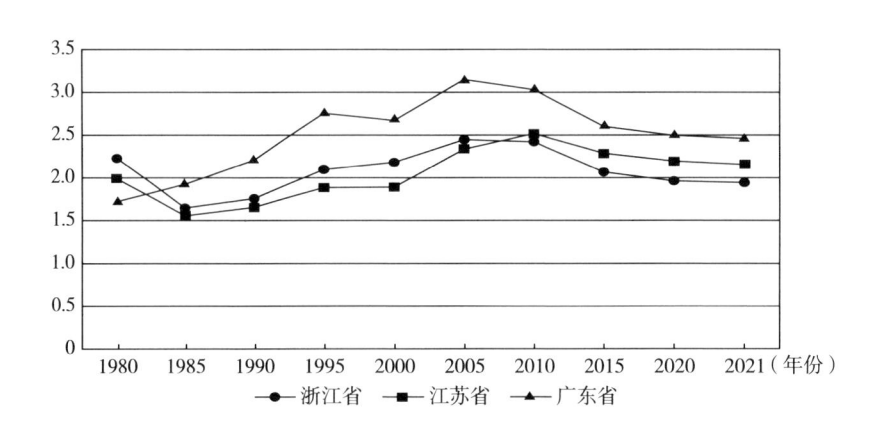

图 3-4 三省城乡居民收入差距

资料来源：城乡居民收入差距为城乡居民家庭人均可支配收入之比，其中 2012 年及以前的农村居民家庭人均收入为纯收入，2012 年以后的农村居民家庭人均收入为可支配收入。数据来自各省历年统计年鉴。

最多的广东省和江苏省相比，浙江省先进制造业产业集群数量尽管相对较少，但其区域和城乡收入差距长期以来是三个省份中最低的。2010 年以来，浙江省城乡居民收入差距也大幅下降，2021 年，浙江省城乡收入差距远低于广东和江苏省，是三省中城乡协调发展的典范。这可能也是浙江省入选共同富裕示范区的重要原因。

二 浙江产业集群发展的主要问题

尽管浙江省产业集群发展具有源自块状经济的悠久历史和集聚发展的传统，但浙江省产业集群仍然存在一定的问题，主要表现为以下两方面。

1. 龙头企业较少，国际品牌企业数量不多。2019年8月22日，全国工商联发布《2019年中国民营企业500强榜单》，浙江民营企业上榜数量共计92家，占总榜比重为18.4%，位列全国第一，但上榜最靠前的浙江吉利控股集团有限公司仅排名第11位。其中，排名前五十位的共8家，分别是浙江吉利控股集团有限公司（第11位）、青山控股集团有限公司（第18位）、海亮集团有限公司（第25位）、浙江恒逸集团有限公司（第28位）、天能集团（第30位）、浙江荣盛控股集团有限公司（第33位）、超威集团（第37位）、万向集团公司（第44位）。[①] 浙江产业集群规模较大，但龙头企业、知名品牌、国际品牌较少。

2. 战略性新兴产业集群发展较为落后，传统产业集群有待升级优化。战略性新兴产业主要涉及新一代信息技术产业、高端装备制造产业、新材料产业、生物产业、新能源汽车产业、新能源产业、节能环保产业、数字创意产业、相关服务业9大领域。与广东、江苏等制造业强省相比，浙江省在这些产业发展方面相对较为薄弱。2021年工业和信息化部发布《先进制造业集群决赛优胜者名单公示》，对25个优胜者进行公示，浙江省只有杭州市数字安防集群、宁波市磁性材料集群和温州乐清电气集群三个产业集群入选，而广东省和江苏省各有6个产业集群入选。2022年，工信部公布的45个

---

① http://www.urbanchina.org/content/content_7787528.html，2023年7月11日。

国家先进制造业集群名单中，浙江省4个产业集群入选，其中宁波市绿色石化集群是在2021年3个入选集群基础上新增的产业集群，从数量上来看，浙江省入选国家先进制造业产业集群的数量仍低于江苏省和广东省。总体而言，浙江省仍然主要以传统制造业产业为主，且传统制造业产业还有待进一步升级优化。

三 浙江以产业集群推动共同富裕的措施

（一）制定规划，加强产业集群发展的顶层设计

针对当前浙江省产业集群存在的问题，为建设全球先进制造业基地，2022年9月，在新一轮制造业"腾笼换鸟、凤凰涅槃"攻坚行动现场会暨"415X"产业集群推进会上，浙江省首次提出"415X"战略。"4"是指建设4个万亿级世界级先进产业群，包括新一代信息技术、高端装备、现代消费与健康、绿色石化与新材料；"15"是指15个千亿级"浙江制造"省级特色产业集群，包括数字安防与网络通信、集成电路、智能光伏、高端软件、节能与新能源汽车及零部件、机器人与数控机床、节能环保与新能源装备、智能电气、高端船舶与海工装备、生物医药与医疗器械、现代纺织与服装、现代家具与智能家电、炼油化工、精细化工、高端新材料；"X"是指重点聚焦"互联网+"、生命健康、新材料三大科创高地和人工智能、基因工程、区块链等前沿领域，重点培育若干高成长性百亿级"新星"产业群，使之成为特色产业集群后备军。

2023年1月17日，浙江省人民政府发布《浙江省"415X"先进制造业集群建设行动方案（2023—2027年）》。主要任务目标是，到2025年，全球先进制造业基地建设取得重大进展，由4个世界级先进产业群、15个"浙江制造"省级特色产业集群和一批高成长性"新星"产业群等构成的"415X"先进制造业集群体系基本形成，全要素生产率显著提升，"浙江制造"高端化智能化绿色化国际化水平持续领跑全国，制造业增加值占全省生产总值比重稳定在1/3左

右，规上制造业全员劳动生产率达到35万元/人以上，规上工业亩均税收达到40万元、亩均增加值达到195万元，规上制造业企业研发经费占营业收入比重达到3.4%，高技术制造业增加值占规上工业增加值比重达到19%，高新技术产业增加值占规上工业增加值比重达到65%，每万人口高价值发明专利拥有量达到17件。到2027年，"浙江制造"在全球价值链创新链产业链的位势明显提升，制造业增加值占全球比重稳步提升，"415X"先进制造业集群规上企业营业收入突破12万亿元，超1000亿元的省级特色产业集群核心区达到20个左右，世界一流企业达到15家左右。到2035年，基本建成全球先进制造业基地。

2023年2月，浙江省公布了第一批"浙江制造"省级特色产业集群核心区协同区创建名单（见表3-5）。从地区分布来看，这些产业集群是在原有各地市产业集群基础上进一步集聚形成的。"415X"集群已成为浙江经济的主导力量。2021年，浙江"415X"集群营收7.5万亿元，占全省规上工业的77%，超百亿元企业70多家，投资10亿元以上制造业重大项目数量超500项。[①]

（二）分阶段梯次推进，集中力量打造重点产业集群

在顶层设计框架下，产业集群发展需分阶段梯次推进，综合考虑全球产业发展趋势、国家战略需求和政策导向以及浙江省产业基础和比较优势等因素，在不同阶段集中力量打造重点产业集群，以便使资源得到最优配置，避免撒胡椒面式的低效率和资源浪费。在当前阶段，浙江省集中力量打造4个兼具领先优势和规模效应的万亿级产业集群和4个兼具高成长性和辐射效应的五千亿级产业集群，改变战略性新兴产业发展相对落后的局面，持续推动传统产业优化升级。

4个万亿级产业集群包括：绿色石化、新能源汽车及零部件、智能物联、现代纺织与服装。绿色石化是浙江省制造业领域第一大支柱产业，已初步形成从石油炼制到下游化学品的完整产业链条，需

---

① 王柯宇、夏丹、雷国强：《浙江四个产业集群入选国家先进制造业集群名单》，http://zj.people.com.cn/n2/2022/1212/c186327-40227759.html。

重点发展高端化工新材料、高端化学品等高附加值环节。新能源汽车产业高速发展，已经成为国家高端制造出口的典型代表，浙江省在零部件领域具有一定优势，但整车企业实力偏弱，可引育大型整车企业，推动产业链整零协同发展。智能物联是数字经济发展的重点领域，浙江省在数字安防、网络通信、云计算等领域形成了领先优势，还需增强产业链自主可控能力，拓展融合应用场景，提升国际话语权。现代纺织与服装是浙江省传统优势产业，还需继续实施传统产业改造升级，加快向产业链价值链中高端跃升。

4个兼具高成长性和辐射效应的五千亿级产业集群，包括集成电路、高端新材料、智能光伏、生物医药与医疗器械。集成电路是支撑经济社会发展的基础性和先导性产业，也是当前中美战略竞争的焦点之一。浙江省已初步形成涵盖设计、制造、封测、材料、设备等的全产业链，还需抢占高端芯片设计、先进封测、化合物半导体3个产业赛道，加快建设具有全球竞争力的模拟芯片和功率器件制造高地。高端新材料是战略性、基础性产业，也是高技术竞争的关键领域，但高端产品自给率仍然较低，需加快关键核心材料攻关，提升高端产品自给率。智能光伏是实现"双碳"战略的重要方面，还需强链补链，为实现"双碳"目标创造条件。生物医药与医疗器械是关系国计民生和国家安全的战略性新兴产业，但浙江省的生物医药与医疗器械产业具有集群带动性的龙头企业仍然较少，还需大力支持细分领域头部企业和高成长企业发展。

龙头企业在产业集群发展过程中发挥着不可替代的作用，是推动产业集聚、形成产业集群的重要推动力。浙江省龙头企业数量相对较少，国际品牌企业数量不多。在发展产业集群的过程中，还需制定政策措施，构建龙头企业发展梯队，支持传统龙头企业发展，并培育一批新的龙头企业。

（三）多措并举推动产业集群发展

建设先进制造业产业集群的主要举措包括：整治低效工业用地、

建设高能级产业平台、推动产业协同布局，实现空间腾换，优化制造业发展空间；招引重大项目、实施千亿技术改造、加快重大项目落地建设、优化营商环境，夯实制造业发展根基；打造世界一流企业、放大专精特新企业队伍优势、深化"链长+链主+专精特新"协同、加快发展服务型制造、推动企业国际化发展，提升制造业效率效益；提高制造业质量水平、强化"浙江制造"品牌建设、加快企业标准创新发展、加强知识产权保护，实现品质提升，打响"浙江制造"品牌；加快企业数字化转型、加快发展工业互联网，引领制造业变革；强化关键核心技术攻关、实施产业基础再造工程、推动重大科技成果转化、建设重大创新载体，通过创新增强制造业发展动能。

（四）产业集群发展需在提高效率的同时兼顾公平

共同富裕需要兼顾效率与公平。然而，产业集群带来的资源集聚在提高效率的同时也可能导致区域间、群体间收入差距扩大，在产业升级和结构调整的背景下，公平与效率的矛盾更为突出。与传统产业相比，高新技术产业作为新的经济增长点，效率更高，收入也相对更高。浙江省正集中力量发展高新技术产业集群。由于资源禀赋、市场环境、技术水平等产业基础条件存在差异，各地因地制宜发展产业集群可以提高效率，但这也可能导致未能实现高新技术产业转型的地区出现经济发展落后、居民收入增速放缓的问题。同时，与传统产业相比，高新技术产业就业吸纳能力更低，产业结构调整还可能带来失业问题，拉大居民收入差距。

这就要求政府进一步落实"八八战略"和"山海协作"，在产业发展和结构调整方面遵循先立后破的原则，在促进高新技术产业发展的同时，也应为传统产业发展提供支持，尽可能保障就业，以减少产业结构调整带来的负面影响。与此同时，为经济发展落后地区提供更多的转移支付，为低收入群体建立更完善的社会安全防护网，也可以让所有地区和所有群体共享经济发展成果，实现共同富裕目标。

第四章　提高现代产业体系的包容性

加快发展现代产业体系，是中国新发展阶段构建新发展格局的必然要求。当前，中国所处的发展阶段和世界环境，也为发展现代产业体系提出了新的要求。经历了经济快速发展之后，中国经济进入了新的发展阶段，同时，百年未有之大变局给中国经济社会发展带来机遇的同时，也带来了挑战和不确定性。新冠疫情暴发给产业带来了冲击。在这种情况下，中国在发展现代产业体系的过程中，应结合中国的发展阶段、要素禀赋特征等多个方面，提高现代产业体系的包容性。

本章首先从现代产业升级的角度出发，讨论技术进步与扩大就业之间的关系；其次从企业主体出发，讨论民营企业在经济发展中的作用、浙江省民营经济的特征。最后对浙江省的数字经济进行分析讨论。

第一节　技术进步与扩大就业并存

一　技术进步下的就业替代与就业创造

改革开放以来，中国经济经历了从高速增长向中高速增长的巨大转变，在转变过程中经济结构将会更加复杂。中国经济50人论坛2019年年会上，姚洋认为，2010年以后中国已经开始去工业化。但同时中国也存在过度去工业化的问题，深度工业化、促进先进制造业的发展成为缓解过度去工业化的重要措施。① 与此相伴的另一个问题是，伴随着人工智能的不断兴起，机械化、人工智能对就业的替代程度。该问题引起了社会各界的关注。去工业化、深度工业化都将促使经济增长的来源更加青睐于较高的人力资本、实物资本和技术进步，资本密集型、技术密集型产业的发展速度将会提高，生产技术的变化将会在一定程度上带来对劳动力需求的变化。除了产业结构变化的因素，劳动力成本快速提高，也促使了生产技术的变化。为了应对劳动力工资上涨，企业正在用机器人、自动化设备替换劳动力。② 生产技术的变化可能会引起就业机会的差异。③ 在中国，常规认知型任务被资本替代的趋势初露端倪，其劳动力市场回报已经为负。④

也有研究发现，新技术与新就业岗位创造之间并不完全是替代关系，两者之间亦可能是并行的关系。Acemoglu 和 Restrepo 考察了新技术的使用是否会导致劳动力被机器替代从而出现过剩，以及当劳动力具有比较优势时，使用劳动力的新的工作是否会被创造出来。⑤ 研究发现，在一个静态模型中，资本是固定的，技术是外生的，此时自动化会减少就业和劳动份额，甚至会降低工资，而新工作的创造则出现相反的效果。在完整的模型中，资本积累是内生的，如果资本的长期租金率相对于工资而言足够低，则长期均衡的结果是所有的工作都被机器取代。否则将会出现一个稳定的长期增长路径，机

---

① 转引自魏后凯、王颂吉《中国"过度去工业化"现象剖析与理论反思》，《中国工业经济》2019 年第 1 期。
② CEES 研究团队等：《中国制造业企业如何应对劳动力成本上升？——中国企业—劳动力匹配调查（CEES）报告（2015—2016）》，《宏观质量研究》2017 年第 2 期。
③ Acemoglu D., Autor D., "Skills, Tasks and Technologies: Implications for Employment and Earnings", NBER Working Paper, No. 16082, 2010.
④ 都阳、贾朋、程杰：《劳动力市场结构变迁、工作任务与技能需求》，《劳动经济研究》2017 年第 3 期。
⑤ Acemoglu D., Restrepo P., "The Race between Man and Machine: Implications of Technology for Growth, Factor Shares, and Employment", American Economic Review, 2018, 108 (6): 1488-542.

械化和新工作的创造并行不悖。这种稳定性在于,自动化降低了使用劳动进行生产的成本,因而阻止进一步自动化的发展,并鼓励创造新的工作机会。同时,值得注意的是,在这个过程中由于劳动力的技能存在异质性,在快速机械化以及创造新的劳动机会的转型时期,不平等会增加。

中国已经进入新的发展阶段,创新发展是该发展阶段的核心动力之一。创新发展本身也会带来就业机会和就业结构的变化。正如熊彼特在《经济发展理论》中所提到的:"大量的失业通常是非经济事件造成的结果,比如世界大战,比如我们正好在研究的发展。"[①] 熊彼特在此处所提到的"发展"正是创新式的发展,即"创造性破坏"。熊彼特在研究经济发展的过程中,将经济运行的方式分为两种:循环流转式的经济运行和经济发展式的经济运行。循环流转式的经济运行建立在前期经验的基础上,在这个过程中,处于循环中的人们会尽可能地遵从已有经验,按照原有的、习惯的生产方式和方法进行生产,只有当外界环境发生巨大变化时才会突破原有的经验,并对其进行改变。经济发展式的经济运行并非如此,熊彼特将经济发展定义为非连续的"革命性"的变化,这些革命性的变化打破了原有循环流转中的均衡,并开始自发地、持续不断地变化,从而改变了原来的均衡状态。[②] 同时,熊彼特所定义的经济发展的过程也是资源重新组合的过程,新的发展或者是新的创造需要打破原有的循环,而且需要从原有循环中获得生产要素,将这些生产要素形成"新的组合"。"新的组合"往往是在新的企业中,执行这些新组合的人被称为"企业家"。打破固有观念、改变固有习惯的过程,天生就具有阻力和破坏性,就业结构变化或者是失业可能是这个过程中需要面临的问题。

浙江省是一个制造业大省,也是中国重要的生产基地,在新发展

---

① [美]约瑟夫·熊彼特:《经济发展理论》,王永胜译,立信会计出版社2017年版,第63页。
② [美]约瑟夫·熊彼特:《经济发展理论》,王永胜译,立信会计出版社2017年版。

阶段面临从制造业大省向制造业强省转变的突破，进一步提高国际竞争力。这一转变是经济发展的必经之路，然而，这个过程可能会带来就业结构的变化以及收入分配结构的变化。与此同时，浙江省在经济发展过程中，创新发展尤为突出，"十三五"时期，已经基本建成创新型省份，创新能力跻身全国第一方阵。浙江省在"十四五"规划中明确指出了现阶段的不足，"科技创新支撑高质量发展的动能不够强劲"是其中的重要方面，也是新发展阶段着力突破的方向。创新型产业以及创新型企业的发展必然带来生产要素资源的重新组合，就业结构也将存在一定的变化，结构性失业和摩擦性失业则可能有所加剧。生产技术水平提高以及创造性破坏式的发展方式都会给就业带来一定的影响，但并不能因此减慢甚至停滞技术进步和创新发展，而应是尽可能在新的生产条件下扩大就业。一方面，促使技术进步与创造就业达到新的平衡，使其处于并行不悖的新均衡之中；另一方面，增强社会保障特别是失业保障对于劳动力失业的保护，为因创造性破坏式发展带来的失业提供保障，避免劳动力生产率损失的同时，避免个人和家庭陷入贫困。

二 促进技术进步与创新的政策目标

浙江省位于中国东部，地处长江三角洲，自古以来被称为"鱼米之乡"。改革开放以来，浙江省借助地理位置、政策等多个方面的优势，开启了经济快速发展的模式，2021年浙江省的GDP水平达到了73156亿元，占全国的6.43%，浙江省的人均GDP超过了1万美元，达到了17520美元。按照世界银行的标准，浙江省属于高收入地区。从发展阶段的角度来看，浙江省经济发展水平较高，其产业结构中第三产业所占比重也相对较高，对技术进步和创新的需求也较高，更加需要通过技术进步和创新来拉动经济增长。浙江省一直以来都对技术进步非常重视。在2009年出台了《浙江省高新技术促进条例》，并于2010年开始实施。出台该《条例》的目标在于促进高新技术及其相关产业的发展，同时加快对传统产业的改造提升，从而推动经济转型，促进经济发展。同时，浙江省十分重视技术成果转换，并出台了相关政策条例积极推动科技成果转化。

浙江省在促进高新技术发展的过程中，既重视加强基础研究的发展，也注重企业的技术创新。基础研究是科技进步的基础，基础研究的发展能够带动相关技术在更多领域、更多层面上突破，其具有更强的外部性，具有极强的社会性收益。然而，基础研究的投资周期比较长，从研究向成果转换的时间跨度也比较长，个人和企业的投资意愿都比较低。政府投资是基础研究的主要来源。基于此，浙江省在促进高技术发展的过程中，特别强调了财政对科技的投入，持续加大科技经费的投入力度，并提出财政性科技经费投入的增长速度要高于财政经常性收入的增长速度。高新技术的发展离不开人才，浙江省将吸引人才、留住人才作为促进高新技术发展的着力点。一方面，增加科研资金投入，吸引境外、省外的相关人才来浙江工作，鼓励留学人员、华人华侨来浙江开展高新技术产品研究。另一方面，对来浙江工作的人才在工作和生活等方面也给予相应的保障。从科研经费和工作生活条件两个方面双管齐下，为浙江省引入人才、留住人才提供了基础保障。

除了基础研究，核心技术、重点领域的突破也是浙江省经济社会发展过程中亟待解决的问题。企业作为市场主体，其对于技术瓶颈更加敏感，企业也具有很强的解决技术难题的意愿，创新与技术发展同样也是企业发展的核心内容。浙江省提出，县级以上政府应该鼓励、引导并支持企业加强高新技术发展。在这个过程中，政府主要关注以下几个方面：一是促进信息沟通，同时搭建科技平台建设。一方面，通过多种渠道发布科技信息、政务信息和服务信息，并开展一定的政策咨询；另一方面，鼓励科研机构、高等院校和企业联合在公共科技基础条件、行业专业创新、区域创新服务等方面创建平台，促进资源之间的衔接，提升企业的自主创新能力。二是设立基金引导创业风险投资，鼓励并引导企业的投资资金向高新技术投资倾斜。三是按照相关规定给予高新技术企业一定的税收优惠政策，同时给予科技企业孵化器、众创空间等相应的优惠政策。四是给予相应的支持鼓励企业走出去，鼓励企业与境外、省外的高等院校、科研机构、企业等联合开发，借助外力来提高自身的研发能力。五是建立和完善知识产权制度，强化知识产权保护，激发企业和个人的研发积极性。另外，积极推动知识产权质押业发展，鼓励金融机构开展相关质押业务，为相关企业和个人提供资金来源。

在促进高新技术发展的同时，推动科技成果转化，是推动经济发展的重要环节。为此，浙江省为推动科技成果转化出台了一系列政策。浙江省在2004年出台了《浙江省促进科技成果转化条例》，此后对其不断进行修正，2021年出台了《浙江省促进科技成果转化条例（修正文本）》。该《条例》的出台是为了促进科技成果转化，打通科技成果与企业需求之间的联络，进而推动生产率的提高，带动经济社会发展。结合浙江省的经济发展水平以及突破相关技术瓶颈的需求，浙江省对于需要推动转化的科技成果，提出了相应的范围，涉及专利技术、计算机软件、集成电路等多个方面。科技成果转化相比于科学技术研究而言，更加需要满足市场的需求，所以在科技成果转化的过程中，需要充分发挥企业的作用，政府的作用则在于引导，而非直接干预。政府在科技成果转化中所起的作用主要体现在以下几个方面，一是加强对知识产权保护，并保障参与科技成果转化的各主体的利益。二是将科技成果转化纳入经济社会发展规划之中，提高各部门的认识，为科技成果的转化创造良好的行政环境。三是设立相关奖励，鼓励企业和个人积极参与到科技成果转化之中，为科技成果转化创造良好的社会环境。

浙江省在"十三五"规划中提出，"基本建成创新型省份，创新能力跻身全国第一方阵"的目标。从 2015—2020 年的创新绩效指标来看,浙江省的科研投入和创新能力都有了较大幅度提升。研究与实验发展经费支出占地区生产总值的比重从 2015 年的 2.36% 提高至 2020 年的 2.80%;发明专利授权量从 2015 年的 2 万项,提高至 2020 年的 4.6 万项,年均增长 18.1%;全员劳动生产率也有较大幅度的提升,从 2015 年的 11.7% 提高至 2020 年的 16.6%,年均增长 7.2%。由此可见,在政府和企业的共同推动下,浙江省的创新驱动能力不断提升,这为浙江省经济社会持续发展提供了基础。

三 稳定和扩大就业的政策目标及导向

就业虽然是经济发展的引致性需求,但就业同样是宏观经济的核心指标,高失业率存在较高的潜在风险。"十二五"规划纲要首次提出了"就业优先"战略,这为提高就业率、增加居民收入、提高消费水平奠定了基础。浙江省在促进技术进步、创新发展的过程中,并没有忽视就业,而是更加强调就业的重要性,出台了一系列的政策来稳定和扩大就业。就政策层面的目标和导向来看,政府部门对于稳定和扩大就业的主要政策集中于以下几个方面。

一是从劳动力需求的角度出发,充分发挥产业、企业对就业的带动效应。在提高产业的就业拉动效应方面,浙江省推行了重大产业就业影响评估,明确强调了产业规划要带动就业。在开发新产业平台的过程中,强调了其对就业的带动效应。近年浙江在推动"万亩千亿"新产业平台建设的过程中,对带动就业能力比较强、环境影响可控的项目给予相应的鼓励性政策。在环评审批过程中采取正面清单的方式,在审查过程中,谨慎采取限产停产的方式。在提高企业的就业拉动效应方面,浙江省在着力降低企业生产成本的同时,大力支持企业稳定就业岗位。就降低企业成本来看,首先是减少税收,推进增值税改革、对小微企业推行税收减免;对租赁国有资产经营性房产的企业的房租进行减免;用水、用电、用气的成本也有所降低；降低小微企业的综合融资成本。为应对新冠疫情对就业的影响，浙江省在稳定就业岗位和劳动关系方面出台了相应的政策，包括社会保险费的返还、社会保险补贴期延长、税收优惠等多个方面。

二是从劳动力供给的角度出发，重点针对高校毕业生群体、失业人员、困难就业人员提供了相应的政策。高校毕业生就业选择的时间比较长，为了提高高校毕业生与企业之间的联系，提高供给和需求之间的匹配度，降低搜寻成本，浙江省搭建了就业搜寻平台。与此同时，国有企业新增就业岗位向高校毕业生倾斜；招收高校毕业生的中小微企业在满足一定的条件下，可以获得一次性的就业吸纳补贴。从事业单位的招聘岗位来看，强调事业单位空缺岗位招聘要向高校毕业生倾向，同时扩大"三支一扶"项目的招募规模。毕业留校但是未就业的学生可以将其户口、档案在学校保留2年，在这个过程中可以以应届生的身份寻找工作，录用后同样以应届生的身份办理入职手续。这降低了高校毕业生的就业搜寻成本，从而有助于高校毕业生在这个过程中搜寻到更加匹配的工作，有助于提高其劳动生产率。

失业人员和就业困难人员相比于高校毕业生而言，其正处于结构性失业或者是摩擦性失业当中，只鼓励企业招聘面临一定的局限性，为此浙江省针对这两类人员出台了不同的就业鼓励和就业扶持政策。一方面，加强社会保障的覆盖范围。将符合条件的失业人员和相关家庭纳入最低生活保障、临时救助等社会救助之中，保障失业人员和家庭的基本生活，同时也避免其劳动生产率的大幅损失。而且，对领取失业保险金的群体进行分类，对于距离退休不足一年的群体可以延长其领取失业保险的时间。另一方面，增强就业援助并完善职业培训。针对存在就业困难的群体，推行"一对一"帮扶，其在公益性岗位就业中享受的政策补贴可以适当延长。职业培训是提高劳动者技能和人力资本的重要方式，对于处在结构性失业中的群体则尤为重要。在经济结构转型的过程中，职业培训的重要性则尤为突出。浙江省通过校企合作、政府购买培训项目、培训补贴等方式全面开展的技能提升和转岗转业培训对于提高劳动者技能以及再就业具有重要意义。

三是从劳动者创业的角度出发，积极推动大众创业，提高经济活力的同时促进就业水平提高。相较劳动者就业而言，劳动者创业则面临更多的要素。从政府层面来看，直接相关的即创业过程中面临的行政成本。简化审批手续、提高行政办事效率，则会大幅降低劳动者创业起步阶段的成本，同时也有助于提高劳动者创业的积极性。为此，浙江省从市场准入入手，大幅降低了创业者面临的困难。全面实行"五证合一"的登记制度以及"一照一码"的登记模式，同时继续放宽企业住所的登记条件。

在创业初期，相对于其他方面，融资对于创业者来说是主要的瓶颈来源。由此，浙江省加强了对企业的贷款担保，将原来的小额担保贷款调整为创业担保贷款，对满足条件的在校大学生和创办个体工商户的劳动者提供相应的贷款。与此同时，加大贷款贴息的力度，进一步降低创业者的融资成本。对于一些特殊群体实行全额贴息，包括在校大学生、失业登记半年以上人员、就业困难人员、城镇复退军人、持证残疾人等；其他人员则可以获得50%的贴息政策。这降低了创业者在创业初期的成本，有助于其进一步发展。除了提供贷款担保，扩展融资渠道也是一个重要的方面。以支持风险投资、创业投资和天使投资等发展的方式，扩展创业者融资的来源。同时运用政府产业基金带动创业者创业。

此外，浙江省通过减税降费、创业补贴等多种方式降低企业的运营成本。在落实普遍性减税降费政策的同时，为支持农民工返乡创业，进一步落实定向的减税政策。高校毕业生、失业登记人员创办个体工商户或个人独资企业的，可以获得相应的税收减免政策。创业补贴则主要体现在两个方面。一方面是一次性创业社保补贴。重点群体创办的企业或者是个体工商户，在满足条件的情况下，可以获得创业社保补贴，随着带动就业人数的增加，该补贴的额度也会增加。这不仅为创业者降低了运营成本，同时也具有一定的鼓励吸纳就业的作用。另一方面是加快创业平台建设，对创业园的建设提供支持，同时按照实际成功孵化企业的数量给予创业园一定的补贴。同时，在创业园进行创业的企业则在一定程度上降低了其创业的成本和初期运行的成本。

第二节 发展壮大民营经济

随着改革开放的发展，中国企业的结构也在不断发生着变化，从全面的国有企业向多种所有制经济体转换，围绕以公有制为主体、多种所有制经济共同发展的基本经济制度，推动了民营经济的发展。随着中国经济的快速发展，中国已经进入了新的发展阶段。在新的发展阶段，中国更加需要培育和壮大各类企业主体，从而为新的发展阶段提供发展动力。从供给侧的角度来看，中国人口红利逐渐消失、老龄化程度逐渐加剧，劳动年龄人口的规模则持续下降。为了应对劳动力年龄结构的变化，需要不断优化资源配置、提高劳动生产率，以创新促进发展，从而获得新的增长动能。熊彼特认为，经济发展是一种非连续的"革命性"变化，这些革命性变化使原有循环流转中的均衡状态被破坏，并且开启了自发地、持续不断地变化，进而不断地改变原有的均衡。这个变化的过程将生产要素从原有的循环流转中抽取出来，从而构成"新的组合"。"新的组合"一般而言是在新的企业中，而执行促成这些新组合的人则被称为"企业家"。打破原有观念、改变原有习惯的过程，生来就具有破坏性和阻力。[1] 创造性破坏式发展的过程中，会不断地形成新的组合、产生新的企业。民营经济是中国经济发展过程中的重要主体，民营经济的

---

[1] ［美］约瑟夫·熊彼特：《经济发展理论》，王永胜译，立信会计出版社2017年版。

发展则有助于促进中国经济社会的发展。发展壮大民营经济的政策导向将会为创造性破坏式的发展提供制度基础，降低其发展阻力，从而有利于其更好地发挥对经济发展的作用。

一 民营经济在经济发展中的作用

党的二十大报告指出："坚持和完善社会主义基本经济制度，毫不动摇巩固和发展公有制经济，毫不动摇鼓励、支持、引导非公有制经济发展。"[①] 促进民营经济发展同样也在党的二十大报告中被指出："优化民营企业发展环境，依法保护民营企业产权和企业家权益，促进民营经济发展壮大。"[②] 这无疑明确了民营经济在中国经济发展中的重要地位。

首先，民营经济是中国经济的重要组成部分，为经济发展带来了活力。在"抓大放小"的改革思路下，国有企业改革不断推进，与此同时，民营经济也得到了空前发展。经历了改革开放四十多年的发展，民营经济的规模不断扩大，已经成为中国经济社会的重要部分。2021年私营工业企业主要经济指标显示，大中类行业中私营工业企业的数量已经达到32.58万个，资产总额达到40.93万亿元。就大中类行业工业企业中私营企业和国有控股企业的比较而言，私营企业的单位个数是国有控股企业单位个数的12.94倍，私营企业的资产总额也达到了国有控股企业资产总额的72.43%。[③] 从2019—2021年的发展来看，大中类行业中私营企业的单位个数和资产总额的增长速度都快于国有控股企业的增长速度。民营企业用近40%的资源，创造了中国60%以上的GDP，缴纳了50%以上的税收，贡献

---

① 习近平：《高举中国特色社会主义伟大旗帜　为全面建设社会主义现代化国家而团结奋斗——在中国共产党第二十次全国代表大会上的报告》，人民出版社2022年版，第29页。

② 习近平：《高举中国特色社会主义伟大旗帜　为全面建设社会主义现代化国家而团结奋斗——在中国共产党第二十次全国代表大会上的报告》，人民出版社2022年版，第29页。

③ 根据《中国工业统计年鉴2022》计算得到。

了 70%以上的技术创新和新产品开发，提供了 80%以上的就业岗位。① 另外，民营经济的生产效率相对比较突出。1995—2005 年，私营工业企业在技术效率方面，不仅优于国有企业，而且优于外资企业。② 1998—2007 年，民营企业虽然对经济总量的效率贡献低于国有企业，但在增量上的效率贡献最大。③

其次，大型民营企业具有不容忽视的带动效应。大型民营企业特别是龙头企业作为领先者，将会对其所在的领域乃至行业的发展起到拉动作用，而且能够创造出外溢效应。大型民营企业在产业集聚以及产业升级中都占据着重要位置，同时在市场上发挥着领导者的作用。④ 大型民营企业的带动效应主要包含以下三个方面：一是知识的外溢效应。大型民营企业的研发和创新能力都比较强。一方面，大型民营企业在研发创新的过程中，成为各类知识的核心吸收者，形成知识集聚效应；另一方面，其所处的核心地位，提高了知识扩散的效率。尽管大型民营企业在知识分享和扩散上存在一定的限制，但是依然存在小范围内的扩散。二是人力资本的外溢效应。大型民营企业在劳动力培训上的投资规模较高，在提高其自身员工人力资本水平的同时，也有助于带动整个行业领域内人力资本水平的提高。三是生产链上的带动效应。大型民营企业的规模相对较大，其与集群内中小企业之间也存在较为深入的业务往来。大型企业和中小型企业之间的联系，同样也对中小企业提出了要求，从而有助于激发

---

① 庄聪生：《深刻领会十九大关于支持民营经济发展的重要论述》，中国经济网，2017 年 10 月 31 日。
② 贺聪、尤瑞章：《中国不同所有制工业企业生产效率比较研究》，《数量经济技术经济研究》2008 年第 8 期。
③ 张少华、张天华：《中国工业企业动态演化效率研究：所有制视角》，《数量经济技术经济研究》2015 年第 3 期。
④ Lazerson M. H., Lorenzoni G., "The Firms that Feed Industrial Districts: A Return to the Italian", *Industrial and Corporate Change*, 1999, 8 (2): 235-266.

上下游中小企业的技术进步与创新发展。①②

最后,中小企业增强了市场竞争性并促进了就业。虽然中小企业的规模比较小,但是其对经济社会发展的作用不容小觑。第二次世界大战以后,发达国家打破了以前垄断式、资本集中式的发展模式,大量中小企业迅速发展,成为西方国家经济稳定发展的基础。③ 与大型企业相比,中小企业对经济发展的作用主要集中体现在以下几个方面:一是提高了市场的竞争性,增强了市场活力。垄断企业虽然能够使自身的利润达到最大化,但是对于整个社会来说,将会带来一定的效用损失。与此不同的是,完全竞争中的企业在实现自身利润最大化的同时,也最大限度地获得了消费者剩余。规模庞大的中小企业,降低了市场的垄断性,提高了市场的竞争性,从而有助于提高市场活力和企业活力。二是推动了产品市场的细分,增强了多样性。虽然中小企业之间具有较强的竞争性,但是在产品市场中依然存在一定的细分。相对于大型企业而言,中小企业则更加灵活多样,针对不同的市场需求,能够更有效地进行调整。与此同时,为了提高竞争能力获得持久的发展,中小企业亦不断地提高技术水平。这也有助于专业化的发展,促进生产效率进一步提高。三是中小企业的就业吸纳能力较强。促进就业是中国经济社会发展的重要目标。虽然不同国家和不同学者对中小企业有着不同的界定,但是一致认为中小企业在吸纳就业方面具有重要作用。

二 浙江民营经济发展的政策包容性

浙江省是中国民营经济大省,民营经济发展水平较高、规模较

---

① Camuffo, A., P. Romano, A. Vinelli, "Back to the future: Benetton Transforms its Global Network", *MIT Sloan Management Review*, 2001, 43 (1): 46-52.
② Nijdam M. H. and P. W. de Langen, "Leader Firms in the Dutch Maritime Cluster", Paper Presented at the ERSA 2003 Congress.
③ 鲁桐:《中国经济新的增长点:中小企业的发展》,《世界经济与政治》1999年第3期。

大。2022年浙江省民营经济增加值占全省生产总值的比重为67%；规模以上工业中民营企业数量突破5万家，占比92.2%。[①]"两个毫不动摇"确定了民营经济在中国经济发展中的重要性。相对于公有制经济、国有企业而言，非公有经济和民营企业的起步较晚，改革开放之后开始逐步发展，1993年党的十四届三中全会通过的《中共中央关于建立社会主义市场经济体制若干问题的决定》明确指出，坚持以公有制为主体、多种经济成分共同发展的方针，并鼓励个体、私营、外资经济发展。民营经济的发展除了资源禀赋条件和市场经济环境，还需要具备一定的政策环境，良好的政策环境为民营经济发展提供了有利条件。本部分对浙江省关于民营经济发展的政策环境变迁进行梳理，从而体现出浙江省对于民营经济发展的政策包容性。

首先，从计划经济向市场经济转变的过程中，限制民营经济发展的政策逐渐转变。党的十一届三中全会上邓小平同志发表了题为《解放思想，实事求是，团结一致向前看》的讲话，将全党的工作重心转移到经济建设上来，这为民营经济的发展奠定了基础。当时城镇地区民营经济发展还存在一个劳动力流动的背景。随着大批知识青年返城，城市的就业压力陡然上升，城市待业人员达2000多万人，薛暮桥指出城镇全民所有制企业的就业容纳能力是有限的，要解决城镇的就业问题，需要放松管理体制，允许待业青年自找门路就业，在城镇发展集体经济和个体经济，特别是服务业。[②] 1979年11月中共中央批转中央统战部等六部门提出的《关于把原工商业者中的劳动者区别出来问题的请示报告》，继而同年12月中央批转了《关于对原工商业者的若干具体政策的规定》，摘掉了原工商业者的资本家或资本家代理人的帽子，有70万小商、小贩、小手工业者被

[①]《2022年浙江省国民经济和社会发展统计公报》，浙江省统计局，http://tjj.zj.gov.cn/art/2023/3/16/art_1229129205_5080307.html。

[②] 黄志高：《改革开放初期薛暮桥社会主义所有制结构思想探析》，《新余学院学报》2017年第1期。

从原工商业者中区别出来，恢复了劳动者身份。1979年，借着政策环境的变化，浙江省先人一步迅速展开了市场化改革，1980年12月11日发出了全国第一个个体工商户的营业执照，个体工商户的合法地位得到确立。

城市民营经济逐渐得到认可、合法地位逐步得到确立的同时，农村民营经济发展亦不滞后。农村的经济改革先于城市，安徽凤阳小岗村包产到户开启了中国农村的改革，同时农业劳动生产率的提高，推动了农村居民从事非农就业的需求，进而农村民营经济的发展应运而生。1983年1月发布的《当前农村经济政策的若干问题》中肯定了多种经营和联产承包责任制，大批专业户充分利用零散的资金和劳力，促进了生产的专业分工和多样化的经济联合；明确提出在自愿互利接受国家计划指导的前提下，可以发展多种多样的合作经济，包括劳动联合、资本联合、生产销售等环节的联合、跨区域联合等。浙江省人多地少，农村居民对于非农就业的需求以及民营经济的发展更加迫切。在推动城市个体工商户发展的同时，也开展了农村民营经济发展的尝试。浙江省义乌市早在1982年就许可了农村居民摆摊兜售小商品的行为，1982年义乌市（原义乌县）发布了《关于加强义乌小百货市场管理的通告》，正式开放了小商品市场，同时这份文件也是第一个明确农民商贩和专业化市场合法化的文件。农民可以经商，可以贩运，可以进入城镇市场，可以竞争，为地少人多、资源贫乏的义乌带来了新的发展契机。不仅如此，当地政府还进行了投资，提供了市场交易的场所，义乌小商品市场由此诞生，并在此基础上，义乌小商品城也逐步扩大。

城市和农村对于民营经济的许可起步于个体经营、农民自身的经营，基于个人的资金来源是有限的这个特征，民营企业的规模都相对较小，其可用的资金也相对有限。股份合作则无疑可以扩展资金来源，扩大企业规模。浙江省台州市温岭县的一家企业开创了股份合作制的先河，其企业性质为"社员联营集体"，其与"集体企业"

不同，社员参与其中显示出了股份合作的性质，在此之后，"股份合作制"企业大量涌现，1986年浙江省台州市黄岩区出台了《关于合股企业的若干政策意见》，明确了对股份合作的认可，并对其进行推广。1987年党的十三大报告中提出的指导方针之一是，"在初级阶段，尤其要在以公有制为主体的前提下发展多种经济成分，在以按劳分配为主体的前提下实行多种分配方式，在共同富裕的目标下鼓励一部分人通过诚实劳动和合法经营先富起来"，这意味着鼓励公有制经济以外的其他经济形式的发展，民营经济的发展得到了肯定以及鼓励。1988年通过的《中华人民共和国宪法修正案》规定：国家允许私营经济在法律规定的范围内存在和发展，私营经济是社会主义公有制经济的必要补充，同年出台了《中华人民共和国私营企业暂行条例》以鼓励、引导私营企业健康发展，繁荣社会主义有计划的商品经济。至此在计划经济向市场经济转变的过程中，民营经济在政策层面和基本法层面都得到了一定程度的认可和鼓励，这奠定了民营经济繁荣发展的基础。

其次，深化政府职能转变，促进民营经济发展。1992年邓小平同志在南方谈话中，对社会主义发展中社会与市场、社会主义和资本主义的关系提出了论述；明确了改革的目的，要发展和解放生产力；并以"三个有利于"作为评价改革的依据。党的十四大报告中指出经济建设已经成为中国的中心任务，坚持以经济建设为中心不动摇。自此之后，民营经济的经济地位和作用得到了确定，民营经济的发展进入了快车道。在推动民营经济发展的过程中，浙江省政府注重政府职能转变，为民营经济发展创造良好的政府环境，不断地减少政府对企业的直接干预，更加倾向于政策引导。

一方面，降低政府设定的民营经济准入门槛。为了促进民营经济的发展，2005年印发《国务院关于鼓励支持和引导个体私营等非公有制经济发展的若干意见》，也就是"非公经济36条"。放宽了非公有制经济的市场准入条件，民营经济可以进入的行业范围得到扩大，公共事业、基础设施、社会事业、金融服务业和国防科技工业等行业民营经济都可以进入；而且民营经济还可以参与到国有经济结构调整之中。在此之后，2010年出台了"新非公经济36条"，即《国务院关于鼓励和引导民间投资健康发展的若干意见》，进一步拓宽了民间投资的领域和范围，民营经济可以进入以市场化运作的基础设施、市政工程和其他公共服务领域；鼓励和引导民营经济民间资本进入基础产业和基础设施领域，包括交通运输建设、水利工程建设、电力建设、石油天然气以及电信建设。与此同时"新非公经济36条"侧重于资本重组联合，鼓励其参与国有企业改革。另一方面，减少行政审批。行政审批是民营企业成立和发展过程中政府直接干预较多的地方。2012年国务院决定取消和调整行政审批项目，2013—2016年共取消审批事项1138项。[①] 除了取消国务院决定取消的行政审批项目，浙江省还对省级地方性法规设定的行政许可事项进行清理。通过对行政审批项目的取消和清理，简化了行政审批程序，大幅减少了政府对民营经济发展不必要的干扰，增强市场在经济发展中的作用。与此同时，简化行政流程，2017年推行"最多跑一次"政策，这也是政府职能转变的重要体现。

再次，推进税收制度改革，降低企业负担。税收政策与企业的营收和利润具有密切关系。中国从计划经济向市场经济过渡转型的过程中，也存在一些税费制度的改革。税收制度不仅影响着企业的经营环境，也影响着企业的投资意向。中国的税收制度相对复杂，不同所有制企业的税收政策存在一定的差异。推进税收制度改革来促进各类市场主体公平竞争，对于社会主义市场经济的发展至关重要。1991—2009年经历了四次税制改革。1991年七届人大四次会议将中外合资企业所得税法与外国企业所得税法合并，制定了外商投资企业和外国企业所得税法，从而使外资企业所得税得以统一。1993年

---

① 资料来源：历年政府工作报告。

党的十四届三中全会确定了税制改革的基本原则和主要内容,并在同年12月底陆续公布了相关法律法规,涉及个人所得税、增值税、消费税、营业税、企业所得税、土地增值税、资源税等多个方面。就企业层面而言,1994年开启的税制改革,将过去对国营企业、集体企业和私营企业分别征收的多种企业所得税合并为统一的企业所得税,即内资企业所得税得以统一。2008年内外资企业所得税得以统一,2009年取消了城市房地产税,统一之后的内外资企业所得税适用于房产税。各市场主体面对着的企业所得税制度是统一的,有利于企业之间展开公平竞争。

在税制统一的情况下,进一步改革的侧重点则在于降低税收水平。重复征税是一个突出的问题,同时也是降低税收水平的突破口。2012年开始营业税改增值税的试点,进而改善重复征税的问题,而且完善的增值税制度可以简化税率结构。[①] 浙江省作为"营改增"的试点省份,于2012年12月1日开始在交通运输业和部分现代服务业开展试点工作。[②] 此后"营改增"涉及的行业范围不断扩大,2016年5月1日"营改增"覆盖了全部原征收营业税的行业。"营改增"政策在全面铺开的初期已经见到成效。2016年5—9月,浙江省建筑业、房地产业、金融业和生活服务业四大行业纳税人累计减税56.97亿元。其中,建筑业减税15.84亿元、房地产业减税3.23亿元、生活服务业减税23.3亿元,金融业减税14.59亿元。此外,原增值税纳税人及"3+7"行业试点纳税人因四大行业试点增加抵扣减税8.39亿元。从细分行业来看,四大行业26个明细行业中减税额最大的3个行业分别是商务服务业、餐饮业和房地产业,减税额分别是

---

① 杨志勇:《中国税制40年:经济、社会与国家治理视角》,《国际税收》2018年第12期。
② 《8省市扩大"营改增"试点政策明确 转换时间不同》,中国政府网,http://www.gov.cn/jrzg/2012-08/02/content_2197361.htm。

3.05亿元、2.83亿元、2.6亿元。[1]

最后,改善融资环境,助力民营经济突破发展瓶颈。资金一直是民营企业,特别是中小企业发展的制约因素,中小微企业贷款难限制了中小微企业的发展。中小企业贷款难问题并非完全来自体制机制,在一定程度上其是市场供求的结果。中小微企业的抗风险能力相对较低,其融资成本也相对较高。2004年浙江省出台了《关于推动民营经济新飞跃的若干意见》,强调优化金融服务,鼓励金融机构把民营企业作为重要服务对象,改进信贷管理方式;推进面向中小企业的信用担保体系建设;拓宽民营企业直接融资渠道。此后浙江省出台了多个与鼓励民营经济发展相关的政策文件,加大金融对民营经济发展的支持一直都是核心内容。2020年出台的《浙江省民营企业发展促进条例》则进一步从多个方面改善民营企业的融资环境,包括银行业金融机构的审核、各部门间的协作、担保标的物、政策性融资担保体系以及直接融资等多个方面。自2015年以来,浙江省一直在推动小微企业发展,制订了"小微企业三年成长计划"。建立政策性融资担保体系是强化小微企业资源要素支撑的重要内容,为小微企业提供贷款融资担保、投保联动、担保公司再担保等综合金融服务。同时鼓励金融机构增加小微企业信贷,鼓励互联网金融健康发展。

三 浙江民营经济的发展与现状

2012—2021年中国民营经济快速发展,民营企业数量从1085.7万户增长到4457.5万户,10年间翻了两番,民营企业在企业总量中的占比由79.4%提高到92.1%;民营企业的规模也不断扩大,民营企业500强营业收入门槛从2012年的77.72亿元,提高至263.67

---

[1] 《浙江省国税局:"营改增"为浙江经济发展增添新动能》,国家税务总局,http://www.chinatax.gov.cn/chinatax/n810219/n810739/c2321971/content.html。

亿元。① 浙江省是中国民营经济发展的高地，其民营经济发展高于全国平均水平，《中国民营经济（浙江）高质量发展指数报告（2022）》显示，2021年浙江省民营经济高质量发展指数达到145.27点，2016年以来的年均复合增长率达到7.75%。民营经济对浙江省的贡献也高于全国平均水平，浙江省民营经济占GDP的比重为67%、对税收的贡献达到73.4%、创新投入的占比为75.5%（全社会R&D人员投入）、吸纳了87.5%的就业、占据96.7%的市场主体。相比全国民营经济所对应的各项指标平均水平而言，② 浙江省民营经济更加突出。

首先，从规模以上工业企业总产值来看，浙江省民营经济的占比持续较高，而且近年来不断扩大。总体来看，集体企业和股份合作企业的占比更低，甚至可以忽略不计；规模以上工业企业总产值中国有企业的占比相对较低，并且持续降低，从2012年的6.48%下降至2021年的0.20%；外商及港澳台商投资企业规模以上工业总产值的比重也呈现下降趋势，从2012年的25.89%下降至2021年的20.14%；与此不同的是，私营企业的规模以上工业总产值则不断提高，从2012年的41.24%提升至2021年的51.04%。由此可见，浙江省规模以上工业企业总产值中私营企业所贡献的比重在2020年已经超过50%。

此外，规模以上工业企业中私营企业单位数也持续快速增长（见表4-1）。2014年浙江省规模以上工业企业的单位数为40841个，2021年达到53729个，是2014年的约1.32倍；同期，规模以上工业企业中私营企业的单位数则有更快的增长，从2014年的27557个上涨到2021年的45446个，增长约64.92%。单就国有企业的单位

---

① 《2022中国民营企业500强发布报告》，中华全国工商业联合会，https://www.acfic.org.cn/ztzlhz/2022my5bq/2022my5bq_4/202208/t20220830_111966.html。
② 《中国民营经济（浙江）高质量发展指数显示浙江民营经济实现整体性跃升》，浙江在线，https://zjnews.zjol.com.cn/zjnews/202303/t20230326_25566124.shtml。

数而言，2014—2017年其总量是下降的，从107个降至74个；但是当综合考虑国有企业和国有控股企业之后，规模以上工业企业中国有及国有控股企业的单位数总和则在2018—2021年持续上涨，积极推进了混合所有制企业的发展。以国有控股的方式引进非公有资本投资者发展混合所有制经济，对深化国有企业改革、国有资本战略性调整具有重要意义。

表4-1　　　　浙江省规模以上工业企业的企业单位数　　　　单位：个

年份	2014	2015	2016	2017	2018	2019	2020	2021
合计	40841	41167	40128	39933	41541	45695	47956	53729
国有企业	107	105	91	74	815	832	844	905
私营企业	27557	28050	27502	27995	30113	36792	40038	45446

注：2018年开始国有企业的分类中不仅包含国有企业，而且包含国有控股企业，所以2014—2017年和2018—2021年两个时间段之间国有企业的相关指标数据不具有可比性。

资料来源：历年《浙江统计年鉴》。

其次，浙江省规模以上工业企业中民营经济对劳动力就业、税收增长具有重要意义。从规模以上工业企业自身的利润总额来看，2014—2021年持续上涨，2021年私营企业的利润总额已经达到7019.47亿元，其增长速度略快于全部规模以上工业企业利润总额的增长速度，进而其所占比重也略有提高。私营企业在给自身带来利润收益的同时，也带动了就业的增长。2014—2021年，规模以上工业企业中私营企业的平均用工人数持续增长，从2014年的364.25万人增长到2021年的506.46万人，增长39.04%，不仅大幅高于同期全部规模以上工业企业平均用工人数的增长率，而且吸纳了近70%的就业。特别是在2020年和2021年新冠疫情期间，浙江省规模以上工业企业中私营企业的平均用工人数持续上升。与私营企业不同的是，2014—2017年国有企业以及2018—2021年国有企业及国有控股企业的平均用工人数则呈现出一定的下降。由此可见，私营企业是吸纳劳动力就业的核心。本年应交增值税在一定程度上体现了企业对当地财政的贡献。2021年浙江省规模以上工业企业中私营企业的应交增值税已经超过了全部规模以上工业企业应交增值税的50%，而且在2014—2021年呈现出持续上涨的趋势，从2014年的38.66%持续上涨至2021年的52.21%。

最后，浙江省规模以上工业企业的资本回报率相对较高。人均营业收入、人均利税、每百元资产实现利税以及每百元固定资产原值实现利税是衡量企业经济效率的重要指标。根据表4-2可知，2021年浙江省规模以上工业企业中国有企业的人均营业收入最高，是平均值的1.53倍；相对而言，私营企业的人均营业收入最低，仅为98.47万元，是平均值的0.73倍，不及国有企业的50%。人均利税额也具有相同的特征，即私营企业的人均利税额要低于国有企业的人均利税额，前者是后者的0.67倍，相比于人均营业收入的差距，私营企业和国有企业在人均利税额方面的差距有所缩小。这在一定程度上与资产实现的营业收入和利税有联系。2021年浙江省规模以上工业企业中国有企业每百元资产实现的营业收入为59.08元，仅为平均水平的0.66倍；与其相反的是，私营企业每百元资产实现的营业收入为105.01元，是平均水平的1.18倍，是国有企业的1.78倍。与此一致的是，每百元资产实现利税和每百元固定资产原值实现利税都呈现出私营企业大幅高于国有企业的特征，前者分别是后者的2.49倍和5.30倍。由此可见，就规模以上工业企业而言，私营企业具有较高的资本回报率，虽然其人力资本回报率相对较低。这在一定程度上与私营企业和国有企业的人力资本水平以及资本规模具有一定的联系。一般而言，私营企业的人力资本水平或者是其职工的受教育水平往往低于国有企业，所以私营企业的人均营业收入和人均利税额也相对较低。从坚持公有制为主体的角度来看，党的十五大在确立基本经济制度时已经明确指出"国有经济控制国民经济命脉，对经济发展起主导作用"，虽然国有企业不断进行改革，但是国有工商企业资产、金融资产、城市土地资产、自然资源资产、农村集体所有土地资产等依然在社会总资产中占有绝对优势，而持有这些资产的国有企业的资本存量也远高于私营企业，其资本收益也必然低于私营企业。

表 4-2　　　　2021 年浙江省规模以上工业企业的绩效水平

	人均营业收入（万元）	人均利税额（万元）	每百元资产实现营业收入（元）	每百元资产实现利税（元）	每百元固定资产原值实现利税（元）
总计	134.52	13.66	89.12	9.05	22.30
国有	205.60	11.60	59.08	3.33	4.38
集体	103.57	18.17	4.20	0.74	16.54
私营	98.47	7.78	105.01	8.30	23.22
港澳台商投资	156.94	17.67	80.80	9.10	26.72
外商投资	178.06	19.33	94.34	10.24	28.56

资料来源：《浙江统计年鉴（2022）》。

不同行业的规模以上工业企业的绩效水平存在一定差异。基于现有数据，本部分选择资源性较强的非金属矿采选业，竞争性较强的纺织业，技术水平相对较高的通用设备制造业与计算机、通信和其他电子设备制造业以及需要较高资本投入的电力、热力的生产和供应业作为行业的代表，来分析不同所有制规模以上工业企业的绩效水平（见表 4-3）。从每百元营业收入实现利税来看，采矿业、纺织业和通用设备制造业中规模以上的国有及国有控股企业的每百元营业收入实现利税较高；但是计算机、通信和其他电子设备制造业以及电力、热力的生产和供应业中私营企业的每百元营业收入实现利税相对较高。从每百元固定资产原值实现利税的水平来看，除了通用设备制造业，非金属矿采选业，纺织业，计算机、通信和其他电子设备制造业以及电力、热力的生产和供应业中规模以上的私营企业的每百元固定资产原值实现利税的水平比较高。分行业来看，规模以上工业企业中私营企业的资本回报率依然是相对较高的。另外，从新产品产值率来看，非金属矿采选业和通用设备制造业中规模以上的国有及国有控股企业的新产品产值率显著高于私营企业；而计算机、通信和其他电子设备制造业以及电力、热力的生产和供应业中规模以上私营企业的新产品产值率则相对较高。

表 4-3　2021 年浙江省按行业分规模以上工业企业的绩效水平

		每百元营业收入实现利税（元）	每百元固定资产原值实现利税（元）	新产品产值率（%）
非金属矿采选业	全部规模以上工业企业	26.92	61.43	9.93
	国有及国有控股企业	27.41	54.04	19.83
	私营企业	25.01	59.59	8.51
纺织业	全部规模以上工业企业	8.03	15.13	35.86
	国有及国有控股企业	14.41	8.07	35.65
	私营企业	7.16	14.46	33.44
通用设备制造业	全部规模以上工业企业	9.78	28.7	46.15
	国有及国有控股企业	9.36	36.38	63.83
	私营企业	9.04	25.6	43.72
计算机、通信和其他电子设备制造业	全部规模以上工业企业	9.77	37.73	54.94
	国有及国有控股企业	4.71	14.17	38.07
	私营企业	9.12	28.71	52.18
电力、热力的生产和供应业	全部规模以上工业企业	6.31	3.32	1.24
	国有及国有控股企业	4.99	2.61	0.48
	私营企业	21.77	10.77	5.61

资料来源：《浙江统计年鉴（2022）》。

第三节　推动数字经济快速发展

一　数字经济的包容性与共同富裕

随着数字技术、信息通信以及相应基础设施的发展，数字化已经成为生活乃至生产不可或缺的部分。中国数字经济发展速度较快且规模较大，从国际比较来看，2021年美国数字经济规模达到15.3万亿美元，中国的规模为7.1万亿美元，位居第二，德国排在第三位，其规模为2.9万亿美元。[①] 从数字经济对中国的影响来看，2021年起占GDP的比重达到39.8%，比"十三五"初期提高了9.6个百分点，而且数字经济在农业、工业以及服务业中不断拓展并深入。[②] 数据俨然已经成为一类重要的生产要素，不仅进入各个行业，也进入生产生活的各个环节。2022年国务院出台了《构建数据基础制度更好发挥数据要素作用的意见》，从产权制度、流动和交易、收益分配、治理等方面提出了构建数据基础制度的要求，进而为充分发挥中国数据优势做大做强数字经济，增强经济发展新动能奠定基础。

自从数字经济的概念被提出之后，诸多学者和研究机构从不同的角度对数字经济进行了定义：一是数字经济涉及的范围包括电子商务基础设施、电子商务流程和电子商务三个部分；[③] 二是将数字经济定义为一种经济活动，"数字经济是指以使用数字化的知识和信息作为关键生产要素、以现代信息网络作为重要载体、以信息通信技术的有效使用作为效率提升和经济结构优化的重要推动力的一系列经

[①] 中国信息通信研究院：《全球数字经济白皮书（2022）》，2022年12月。
[②] 中国信息通信研究院：《中国数字经济发展报告（2022）》，2022年7月。
[③] Mesenbourg, T. L., 2001, *Measuring the Digital Economy*, US Bureau of the Census, http://www.census.gov/content/dam/Census/library/working-papers/2001/econ/umdigital.pdf.

济活动";① 三是数字经济是数字化投入带来的产出;② 四是数字经济强调的是数据信息及其传送是一种技术手段。③ 从生产要素的角度来看,上述关于数字经济的描述可以看出,数字经济的来源和范围都是与一定的"数字"相关的生产要素,这些数字要素包括基础设施、网络、信息通信技术、数据信息及传送等多个方面。随着数字经济的规模不断扩大,数字要素已经成为经济发展的重要因素之一。然而,作为要素,数字要素同样具有劳动力、资本和土地等要素在分配方面的特征,要素的可获得性和分配公平性上的差异亦会给经济社会发展带来一定的影响。

互联网虽然经历了快速发展,但是这种增长呈现出极大的不平衡。美国国家远程通信和信息管理局 1995 年提出了"数字鸿沟"的概念,并开始发布美国的"数字鸿沟"问题。"数字鸿沟"问题意味着资源配置的不平衡,难以接触以及使用该资源的群体成为边缘化群体,其可能成为各国以及各国内部经济发展不平衡的根源。④ 然而,从另一个方面来看,数字经济亦是一种创造性破坏的发展。熊彼特将经济运行的方式分为两种,一种是循环流转,另一种是经济发展。循环流转是以前期的生产经验为基础的。在循环流转的过程中,企业和个人都会尽可能地遵从原有的生产方式和方法,只有当外界环境发生巨大变动时才会有所改变⑤。熊彼特认为这种循环流转并不是经济发展,经济发展是由非连续的"革命性"变化带来的,其打破了已有循环流转的均衡,并开始自发地、持续地变动,

---

① 《二十国集团数字经济发展与合作倡议》,http://www.g20chn.org/hywj/dncgwj/201609/t20160920_3474.html。
② Knickrehm, M., Berthon, B. & Daugherty, P., 2016, "Digital Disruption: The Growth Multiplier", https://www.anupartha.com/wp-content/uploads/2016/01/Accenture-Strategy-Digital-Disruption-Growth-Multiplier.pdf.
③ 裴长洪、倪江飞、李越:《数字经济的政治经济学分析》,《财贸经济》2018 年第 9 期。
④ 胡鞍钢、周绍杰:《新的全球贫富差距:日益扩大的"数字鸿沟"》,《中国社会科学》2002 年第 3 期。
⑤ [美] 约瑟夫·熊彼特:《经济发展理论》,王永胜译,立信会计出版社 2017 年版,第 7 页。

从而达到新的均衡状态。数字技术改变了原有的交易方式、生产方式、流通方式，使其数字化，这给经济社会发展带来的冲击，构成了一种新的要素组合，形成了要素经济，亦是一种创造性破坏。虽然创造性破坏式发展天生具有阻力和破坏性，正如熊彼特所述："大量的失业通常是非经济事件造成的结果，比如世界大战，比如我们正好在研究的发展"①，但是创造性破坏会带来新的发展，新的发展同样会创造出新的增长动能，带动新的就业需求。正如技术进步与劳动就业之间的关系一样，技术进步会取代一些原有的劳动力就业岗位，但是同时也会创造出新的劳动力岗位以及新的就业需求，这之间既有替代性，也有互补性。

随着中国数字经济的迅速发展，中国数字经济发展的包容性以及对共同富裕的影响也成为社会各界关注的焦点和热点问题。首先从数字经济对居民收入的影响来看，数字经济显著推动了个体收入的增长，特别是提高了农村居民的收入水平。②就农村居民内部来看，使用互联网的居民比未使用互联网的居民的收入有较大幅度提高，特别是农业收入提高的幅度更加显著；③而且使用互联网的农户比未使用互联网的农户在总收入、人均纯收入、非农总收入和农业收入四个方面都相对较高。④从地区差异来看，互联网的使用给东部地区居民带来的收益最大，给西部地区居民带来的收益最小。⑤其次从数字经济对就业的影响来看，数字经济促进了非农就业以及创业。数字金融作为改变金融市场的一个要素，其在一定程度上改

---

① ［美］约瑟夫·熊彼特：《经济发展理论》，王永胜译，立信会计出版社2017年版，第63页。
② 方福前、田鸽：《数字经济促进了包容性增长吗——基于"宽带中国"的准自然实验》，《学术界》2021年第10期。
③ 刘晓倩、韩青：《农村居民互联网使用对收入的影响及其机理——基于中国家庭追踪调查（CFPS）数据》，《农业技术经济》2018年第9期。
④ 胡伦、陆迁：《贫困地区农户互联网信息技术使用的增收效应》，《改革》2019年第2期。
⑤ 刘晓倩、韩青：《农村居民互联网使用对收入的影响及其机理——基于中国家庭追踪调查（CFPS）数据》，《农业技术经济》2018年第9期。

变了居民和企业在金融服务方面的可得性和便利性,这会进一步改变居民的就业方式。数字金融的发展有助于改善农村居民的创业行为,并带来了创业机会的均等化;[1] 而且数字经济的发展也促进了农村居民非农就业的参与率。[2] 数字经济拓展了消费模式,给传统服务业带来了新的商业模式以及就业模式。[3] 最后从已有研究结果来看,数字经济的发展虽然在不同群体、不同地区之间带来了一定的差距,但是总体来看,数字经济促进了中国经济的包容性增长。在打破原有格局和均衡的条件下,创造了新的增长动能,为经济发展注入了新的活力,与此同时促进了包容性增长,有助于推动共同富裕。

二 浙江数字经济发展的政策推动

浙江省数字经济起步较早,2000年,"数字浙江"这一社会公共信息应用平台已经在互联网上建设成功。2003年浙江省政府工作报告提出,"数字浙江是全面推进我省国民经济和社会信息化、以信息化带动工业化的基础性工程",并将"百亿信息化建设"工程作为2003—2007年提高综合实力和国际竞争力的核心内容之一。同年9月浙江省出台了《数字浙江建设规划纲要(2003—2007年)》(以下简称《纲要》),其目标在于,"以信息化带动工业化,以工业化促进信息化,实施走新型工业化道路的发展战略,使信息化、工业化、城市化、市场化和国际化的进程有机结合,加速实现现代化"。该《纲要》中着重发展的内容涉及应用信息技术改造提升传统产业、电子政务系统基本形成、信息网络基础设施体系布局合理先进、信息技术与信息产业快速发展。其中电子政务系统

---

[1] 张勋、万广华、张佳佳、何宗樾:《数字经济、普惠金融与包容性增长》,《经济研究》2019年第8期。
[2] 方福前、田鸽:《数字经济促进了包容性增长吗——基于"宽带中国"的准自然实验》,《学术界》2021年第10期。
[3] 江小涓:《高度联通社会中的资源重组与服务业增长》,《经济研究》2017年第3期。

建设以及信息网络基础设施体系建设具有较强的政府倾向性。在提高政府电子化水平的同时，也为电子化信息化数字化在全省范围内的推动起到了助推器的作用。随着信息化的发展，信息化在经济发展中的参与度越来越高，而且信息化工作的规范也越来越凸显，为此浙江省在 2010 年出台了《浙江省信息化促进条例》，其目标在于两个主要方面：一是规范信息化工作；二是促进信息化与工业化融合，进而促进经济社会发展。其中涉及的主要内容包括：信息化规划与建设管理、信息产业发展、信息技术推广应用、信息资源开发利用、信息安全保障以及相关法律责任。这为信息化进一步发展，促进信息化与产业发展的联系提供了基础。

此后，浙江省一直推动信息化的发展。2014 年出台了《关于加快发展信息经济的指导意见》，其目标在于基本建成全国领先的电子商务、物联网、云计算、大数据、互联网金融创新、智慧物流、数字内容产业中心，以及信息化和工业化深度融合国家示范区。基于此，2015 年发布了《浙江省信息经济发展规划（2014—2020年）》，并于 2016 年开展对信息经济发展的综合评估。为了加速推动数字经济发展，2017 年浙江省出台了《浙江省国家信息经济示范区建设实施方案》，并提出了数字经济"一号工程"，为其制订了数字经济五年倍增计划以及国家数字经济示范省建设方案。2018 年印发了《浙江省数字经济发展综合评价办法（试行）》通过构建评价指标体系对全省、各市、各县的数字经济发展水平进行综合评价，增强了数字经济在省市县层面的可比性，并以此为基础带动各市县政府发展数字经济的积极性。数字经济已经渗透到生产和生活的各个层面，全面清晰地核算数字经济具有较大的难度，而且不同的视角对应着不同的测算体系。浙江省出台的评价体系主要从是否能够获得数据以及是否能够成为政府部门的抓手入手（见表 4-4），从而使政府部门的相应政策更具目标性，提高了政策的针对性。此外，随着政府职能的转变，浙江省政府以"最多跑一次"为目标在原有政务系统信息化的基础上，进一步推进政府数字化转型，推动跨部门多业务的线上系统运行，提高了政府的运行效率和治理能力。

浙江省在推动数字经济发展的过程中，政府政策同样体现着"有所为有所不为"的特征。在公共物品性质较强的产品投入上则更多体现了政府有所为的特征。例如，积极推动数字经济所需要的基础设施建设，以政府数字化转型起到带头引领的作用。在市场化程度较强、私人物品属性突出的生产领域，政府政策则主要侧重于鼓励和引导。例如，对于推动数字化转型的企业给予一定的资金补贴或者是税收减免，更多地体现了市场在数字经济发展中的决定性作用。

表4-4　　浙江省数字经济发展综合评价指标体系

类别	一级指标	二级指标	单位	权重
基础设施（20分）	网络基础设施	城域网出口带宽	Gbps	3
		固定宽带端口平均速率	Mbps	5
		每平方公里拥有移动电话基站数量	个/平方公里	3
	数字网络普及	固定互联网普及率	户/百人	3
		移动互联网普及率	户/百人	2
		付费数字电视普及率（含IPTV）	户/百户	2
		信息进村入户覆盖率	%	2
数字产业化（28分）	创新能力	数字经济核心产业R&D经费相当于营业收入比例	%	5
		人均拥有数字经济核心产业有效发明专利数	件/万人	3
		数字经济核心产业制造业新产品产值率	%	4
	质量效益	数字经济核心产业增加值占GDP的比重	%	8
		数字经济核心产业劳动生产率	万元/人	5
		数字经济核心产业制造业亩均税收	万元/亩	3

续表

类别	一级指标	二级指标	单位	权重
产业数字化（22分）	产业数字化投入	企业每百人中信息技术人员数量	人/百人	3
		企业每百名员工拥有计算机数	台/百人	3
		信息化投入占营业收入的比重	%	5
	产业数字化应用	企业使用信息化进行购销存管理普及率	%	3
		企业使用信息化进行生产制造管理普及率	%	5
		企业使用信息化进行物流配送管理普及率	%	3
新业态新模式（15分）	电子商务	人均电子商务销售额	元/人	3
		网络零售额相当于社会消费品零售总额比例	%	3
		工业企业电子商务销售额占营业收入的比重	%	4
	数字金融	人均银行机构网上支付、移动支付业务量	笔/人	5
政府和社会数字化（15分）	数字民生	人均移动互联网接入流量	GB/人	3
		客车ETC使用率	%	2
	数字政府	服务方式完备度	%	2
		服务事项覆盖度	%	2
		办事指南准确度	%	2
		在线办理成熟度	%	2
		在线服务成效度	%	2

资料来源：《浙江省数字经济发展综合评价办法（试行）》。

三 浙江数字经济的发展

首先，浙江省数字经济发展水平位于全国前列。《数字中国发展报告（2021）》[①] 中对各省市数字中国的发展从七个维度进行了评价，涉及数字基础设施、数字技术创新、数字经济、数字政府、数字社会、网络安全和数字化发展环境。总体来看，浙江省的数字化发展水平居全国首位。浙江省全面推进数字化改革，在加快建设"数字长三角"的同时，注重公共数据资源开发，优化数字惠民服务，推动经济社会的数字化转型以及治理体系、治理能力的现代

① 国家互联网信息办公室：《数字中国发展报告（2021年）》，http://www.cac.gov.cn/2022-08/02/c_1661066515613920.htm。

化。其中，浙江省在数字政府、数字社会、数字化发展环境中居全国首位。数字基础设施仅低于北京和上海，位居全国第三；数字技术创新位居全国第六，即北京、上海、广东、江苏和天津之后；数字经济位居全国第三，即江苏和广东之后；网络安全排在全国第七。由此可见，浙江省在数字化评价这七个维度上都位居全国前十，且在前十位中跻身前列。

其次，浙江省数字经济发展速度相对较快。就数字经济发展来看，依据《中国数字经济发展报告（2022年）》①中关于各省市数字经济的发展水平来看，浙江数字经济占GDP的比重仅低于北京、上海和天津，其数字经济的规模低于广东和江苏，与山东相当。但同时值得注意的是，浙江在数字经济体量和占GDP的比重都非常高的情况下，数字经济依然保持了较高速度的增长，其增长率仅低于贵州、重庆、江西和四川，远高于广东、北京、上海、山东和江苏。

为推动浙江省自身数字经济的发展，浙江省在2018年出台了《浙江省数字经济发展综合评价办法（试行）》，并以此为基础展开了浙江省数字经济发展的评价。2018年评价报告中的评价指标和2021年、2022年存在一定差距，降低了不同年度之间总体评价的可比性，根据2018年、2021年和2022年的《浙江省数字经济发展综合评价报告》可知，2021年浙江省数字经济发展的水平较2020年进一步提高。一级指标包括基础设施、数字产业化、产业数字化、新业态新模式、政府和社会数字化五个方面，不同年份各分类的综合评价水平排序也存在一定的差异。2017年的五个维度中，基础设施的综合评价水平位列第一，而2021年和2020年基础设施的综合评价水平降为第二位，政府和社会数字化从2017年的第二位跃升为第一位；新业态新模式的位序有所提升，产业数字化的位序相对下降，数字产业的位序则一直处于波动中。

---

① 中国信息通信研究院：《中国数字经济发展报告（2022年）》，2022年7月。

表 4-5　　　　　　　　　　浙江省数字经济发展主要指标

类别	一级指标	二级指标	单位	2017 年	2020 年	2021 年	年均增长率（%）
综合水平			%	115.2	111.9	112.8	—
基础设施	综合水平		%	142.5	119.5	124.5	—
	网络基础设施	城域网出口带宽	Gbps	95663.0	64029.0	76389.0	-5.47
		FTTH/O 宽带接入率（光纤宽带用户率）	%	—	91.0	91.1	0.11
		固定宽带端口平均速率	Mbps	171.1	201.3	259.8	11.01
		每平方公里拥有移动电话基站数量	个/平方公里	3.8	5.5	5.9	11.63
	数字网络普及	固定互联网普及率	户/百人	41.3	45.4	47.4	3.50
		移动互联网普及率	户/百人	126.4	—	—	
		5G 套餐用户数普及率	户/百人	—	23.8	47.8	100.84
		付费数字电视普及率（含 IPTV）	户/百户	90.4	185.7	191.0	20.56
		信息进村入户覆盖率	%	56.9	—	—	
数字产业化	综合水平		%	107.6	103.0	107.2	—
	创新能力	数字经济核心产业 R&D 经费相当于营业收入比例	%	2.2	2.2	2.0	-2.35
		人均拥有数字经济核心产业有效发明专利数	件/万人	6.3	9.9	13.6	21.21

续表

类别	一级指标	二级指标	单位	2017年	2020年	2021年	年均增长率（%）
数字产业化	创新能力	数字经济核心产业制造业新产品产值率	%	57.7	57.5	57.6	-0.04
	质量效益	数字经济核心产业增加值占GDP的比重	%	9.4	10.9	11.4	4.94
		数字经济核心产业劳动生产率	万元/人	35.5	43.2	43.1	4.97
		数字经济核心产业制造业亩均税收	万元/亩	25.4	20.6	21.9	-3.64
产业数字化	综合水平		%	103.1	107.5	100.7	—
	产业数字化投入	企业每百人中信息技术人员数量	人/百人	2.1	2.4	—	—
		数字经济核心产业人才占比	%	—	—	44.2	—
		企业每百名员工拥有计算机数	台/百人	22.0	—	—	—
		数字经济投资占全部固定资产投资的比例	%	—	4.5	5.3	17.78
		信息化投入占营业收入的比重	%	0.3	0.284	0.223	-7.15
	产业数字化应用	企业使用信息化进行购销存管理普及率	%	60.1	65.0	62.3	0.90
		企业使用信息化进行生产制造管理普及率	%	41.2	46.9	46.3	2.96
		企业使用信息化进行物流配送管理普及率	%	12.9	17.3	16.7	6.67

续表

类别	一级指标	二级指标	单位	2017年	2020年	2021年	年均增长率（%）
新业态新模式		综合水平	%	101.9	115.2	108.3	—
	电子商务	人均电子商务销售额	元/人	12075.8	18745.4	22803.5	17.23
		网络零售额相当于社会消费品零售总额比例	%	54.9	84.9	86.4	12.00
		工业企业电子商务销售额占营业收入的比重	%	3.4	3.6	3.03	-2.84
	数字金融	人均银行机构网上支付、移动支付业务量	笔/人	325.8	—	—	—
		移动支付活跃用户普及率	%	—	67.8	78.6	15.93
		人均移动支付业务量	笔	—	177.6	242.0	36.26
政府和社会数字化		综合水平	%	124.1	124.6	129.9	—
	数字民生	人均移动互联网接入流量	GB/人	22.9	156.3	208.1	73.62
		客车ETC使用率	%	37.7	—	—	—
		高速公路入口ETC使用率	%	—	73.9	73.4	-0.68
		生均教育信息化经费投入	元	—	1045.5	1039.7	-0.55
		区域医院门诊智慧结算率	%	—	83.5	86.4	3.47
	数字政府	服务方式完备度	%	85.9	—	—	—
		服务事项覆盖度	%	87.6	—	—	—
		办事指南准确度	%	91.2	—	—	—
		在线办理成熟度	%	80.4	—	—	—
		在线服务成效度	%	79.1	—	—	—
		人均数据共享接口调用量	次	—	35.1	323.7	822.22

续表

类别	一级指标	二级指标	单位	2017 年	2020 年	2021 年	年均增长率（%）
政府和社会数字化	数字政府	依申请政务服务事项"一网通办"率	%	—	76.1	100.0	31.41
		浙政钉应用水平	分	—	10.0	9.48	-5.20

资料来源：根据 2018 年、2021 年、2022 年《浙江省数字经济发展综合评价报告》整理。

最后，浙江省内部数字经济发展存在一定的不平衡。根据图 4-1 可知，2020 年杭州市的数字经济发展水平最高，而且远高于排在第二位的嘉兴市，是嘉兴市的 1.55 倍。排在第二位的嘉兴市也仅是排在最后一位的丽水市的 1.32 倍。这说明，总体来看，浙江省内各市之间的不平衡主要呈现为杭州市遥遥领先、其他各市之间相差不大的特征。从一级指标的五个维度来看，各个维度也呈现出不同的不平衡的特征。各市之间在政府和社会数字化方面的差距是最小的，各市基本相当。在基础设施维度上，除了丽水市相对较低，各个市之间的差异并不大。基础设施评分最高的是杭州市，最低的是丽水市，杭州市是丽水市的 1.74 倍，除此之外，其他城市之间的差距相对较小。产业数字化在各个城市之间的差距高于基础设施方面的差距，也主要表现为杭州较为突出、其他城市相对均衡，该维度评分最高的杭州市是评分最低的丽水市的 2.01 倍。在数字产业化方面的差距则更加突出地表现为杭州市遥遥领先于其他城市的特征，排在第一位的杭州市是丽水市的 3.15 倍，排在第二位的嘉兴市是丽水市的 1.69 倍。从新业态新模式来看，同样表现为杭州市大幅领先的态势，但排在第二位的是丽水市，舟山市、绍兴市在新业态新模式方面的评分则相对较低。由此可见，在各个维度上杭州市的数字经济水平都处于比较高的水平；在市场化程度相对较高的数字产业化、产业数字化以及新业态新模式三个维度上，杭州市数字经济的水平则远高于其他城市,形成了数字经济的高地;在公共性相对较强的基础设施、政府和社会数字化两个维度上,各市之间的差距则较小。

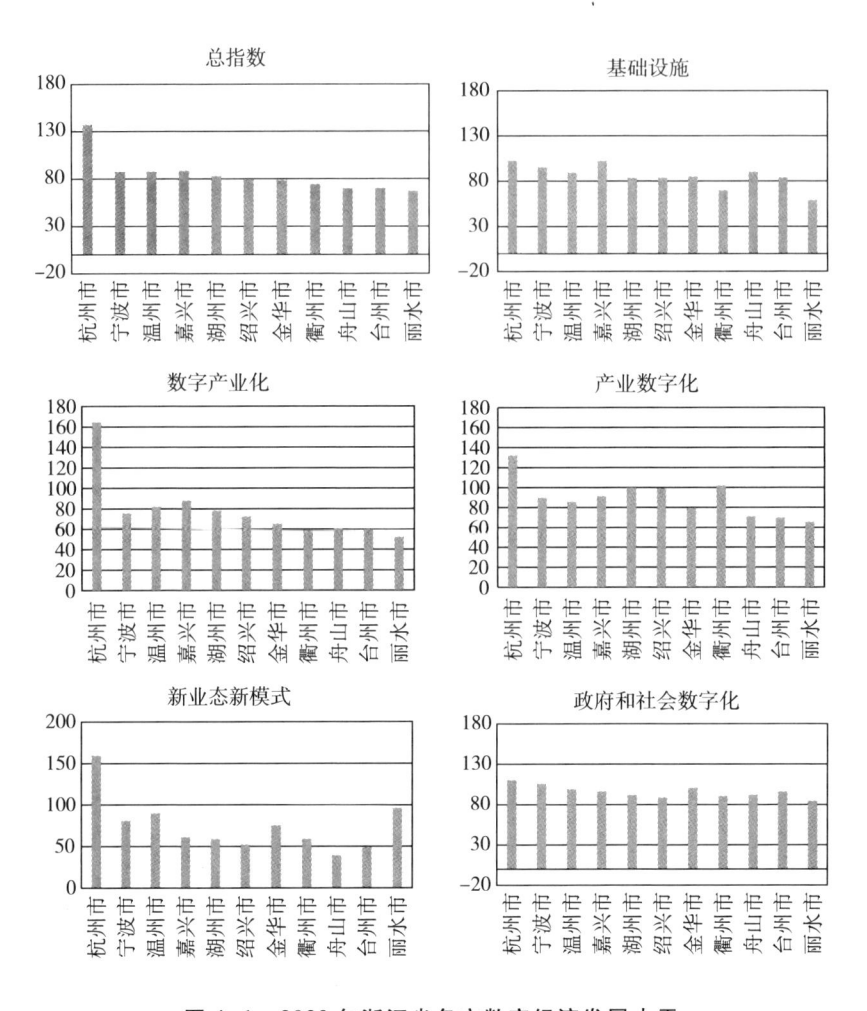

图 4-1　2020 年浙江省各市数字经济发展水平

资料来源:根据 2021 年《浙江省数字经济发展综合评价报告》整理。

第四节　提高现代产业体系包容性的政策建议

现代化产业体系的建立和发展为中国经济社会发展注入新动力的

同时，也对经济社会发展带来了新挑战。浙江省是中国经济大省，属于高收入地区，在经济转型和新动能新增长点方面也位于全国前列。本章对技术进步与扩大就业并存、发展壮大民营经济和推动数字经济快速发展三个方面进行分析，进而体现出浙江省在发展现代化产业体系过程中的包容性。

随着中国进入新发展阶段，以技术进步带动经济发展成为新发展阶段的重要特征。虽然随着技术进步的深入，一些在原来劳动密集型产业就业的劳动力则必然面临被资本和技术替代的问题，进而带来失业，但这只是技术进步对就业影响的一方面；另一方面，技术进步还会带来一些新的产业的发展，从而带来新的就业，这些新的产业并不一定是资本密集型和技术密集型的，亦有可能是劳动密集型的。例如，技术进步带来了劳动生产率提高，提高了这些行业就业者的收入水平，进而带来其消费水平提高和消费需求的多样性，这将会创造出新的就业岗位。新就业岗位的创造需要一定的环境，可以包容甚至是鼓励这些产业的发展，这也要求现代产业体系具有包容性，为新业态的发展提供基础。

浙江省的人均GDP水平已经达到高收入水平，而且是制造业大省，其产业转型升级的步伐也走在全国前列。浙江省在出台一系列促进技术相关政策的同时，也不断地出台稳定就业促进就业的政策。就业作为经济发展的引致性需求，除了依靠职业培训、就业帮扶、劳动力市场信息高效流通等这些从供给侧提高劳动力就业机会的政策，也需要依靠需求侧扩大劳动力需求，这无疑需要促进企业发展。为此，浙江省通过税收政策、营商环境改善、政府职能转变等引导性政策，促进企业发展，进而从需求侧达到稳定和扩大就业的目标。浙江省民营经济、数字经济突出，借助这两大优势，进一步推动经济发展，在推动现代产业体系发展的过程中，持续促进劳动力就业。

浙江省民营经济发展水平持续提高，同时也面临巨大的转型压力，进一步推动民营经济发展的政策建议包括以下三个方面：一是稳定的政策环境。"毫不动摇巩固和发展公有制经济，毫不动摇鼓励、支持、引导非公有制经济发展"，"优化民营企业发展环境，依法保护民营企业产权和企业家权益，促进民营经济发展壮大"，充分体现了社会主义市场经济体制的多样性和包容性，民营经济是社会主义市场经济体系、现代化产业体系不可或缺的部分。在产权保护、市场转入、要素获得等方面持续推进改革，保障民营经济发展中的制度公平性。二是在混合所有制改革过程中，推动民营经济发展。混合所有制改革的目标是推动国有经济和民营经济共同发展。通过改革，降低垄断的同时提高企业之间竞争的公平性，促进生产效率、提高市场活力的同时推动经济发展。三是鼓励企业提高核心技术水平，提升综合竞争力。通过政策鼓励以及政策倾斜推动民营经济技术创新发展。中国从制造业大国向制造业强国转变的过程中，离不开技术创新，作为制造业发展的重地，浙江省在制造业发展过程中积累了大量经验，这为其突破发展瓶颈和技术瓶颈提供了基础。然而，技术创新以及技术瓶颈的突破并非一蹴而就，而且风险较高，这一方面需要政策环境的稳定，另一方面需要政策的支持。

浙江省数字经济发展水平持续走在中国数字经济发展的前列。虽然数字经济是一个相对新生的经济力量，但是其发展迅速，已经进入生产生活的各个环节。随着"数字浙江"的推出，浙江省的数字化水平进一步深入各个环节。从浙江省内部数字经济发展的情况来看，各市在基础设施、政府和社会数字化方面是相对均衡的，而在数字产业化、产业数字化和新业态新模式上则呈现出杭州市一枝独秀的特征。因此，进一步推动数字经济发展的政策建议包括以下两个方面：一是增强杭州市数字经济的发展，提高其国际影响力。虽然中国数字经济发展水平快，已经处于世界第二的位置，但是与美国之间依然存在较大差距。这意味着中国仍需持续推动数字经济的发展，杭州市作为数字经济发展的高地，其不仅规模大而且增长速度快，具有进一步发展的优势。通过数字经济和高新技术的持续发展，使杭州市成为数字经济发展和数字技术变革的高地，增强其数字产业在世界范围的影响力。二是提高杭州市数字经济的带动效应，提高其辐射范围，带动其他城市的经济发展。基于数字经济传播速度快、传播范围广、外溢性较强等特征，增强杭州市对其他城市的辐射效应，带动其数字经济乃至总体经济水平的发展。数字经济的发展也为不同地区之间经济发展的联系开辟了新的路径。浙江省各市与数字化相关的基础设施水平基本相当，政府和社会的数字化水平也相差无几，这为各市发展数字经济，以及承接数字经济的应用奠定了基础。在数字经济的背景下，产业链上下游企业的联系方式也发生了变化，为跨地区经济发展提供了更大的空间。

民营经济和数字经济的发展离不开企业主体，现代化产业体系建设发展的过程中依然需要充分发挥中小微企业的作用，增强现代化产业体系的包容性。特别是中小微企业是浙江省的重要企业主体，其中小微企业占比远超过全国平均水平，中小微企业的发展对于浙江省尤为重要。本报告对中小微企业进一步发展的政策建议主要包括以下四个方面。

一是充分发挥普惠金融、数字金融的优势，破解中小微企业融资难、融资贵的"瓶颈"。普惠金融旨在增强金融体系的普惠性质，可以使金融体系向更多群体提供服务。中小微企业涉及的资金往往比大型企业小很多，这无形中提高了金融机构的单位成本，这也是中小微企业惜贷现象普遍存在的重要原因之一。普惠金融的政策导向推动了金融机构向中小微企业的倾斜，降低其惜贷程度。然而，中小微企业贷款的单位成本偏高是不容忽视的事实。其中的关键困境在于信息不对称，中小微企业的信息披露程度一般而言低于大型企业，由此造成的信用风险也给其获得贷款带来了阻碍。伴随数据要素的发展，数字金融迅速发展，数据技术的发展降低了金融机构收集企业信息等方面的成本，同时也提高了金融机构的效率，从而降低了其单位成本，有助于提高其向中小微企业提供金融服务的积极性。与此同时，政府层面可以进一步借助信息共享平台的建设，完善中小微企业的信息收集等工作，降低信息不对称性。通过跨部门联合，完善相关信用平台，披露中小微企业的信用程度，建立失信名单，形成有效的信用约束，从而进一步降低金融机构向中小微企业发放贷款过程中面临的信用风险。

二是完善劳动力市场，增强对劳动力的吸引力。中小微企业是吸纳劳动力就业的核心主体，具有极强的就业吸纳能力。然而，伴随中国人口红利的消失，劳动年龄人口规模持续下降，"缺工"成为劳动力市场的普遍显现。浙江省虽然是人口大省，但是伴随其经济的快速发展，浙江省也是吸纳劳动力的大省，劳动力的供给不足亦是浙江省中小微企业面临的困境。伴随中国劳动力人口的下降，"招工难"是全国范围内的普遍现象。在现有条件下，改善劳动力的工作条件、福利水平以及增强社会融入将成为进一步吸引劳动力进入浙江省工作的关键着力点。促进"体面工作"的同时，着力推进基本公共服务均等化，进一步落实"新市民"政策，打破外来人口与本地居民在制度层面的隔离。除此之外，伴随现代化产业的发展，企业转型成为常态化特征，这也提高了对劳动力人力资本的需求。应在现有教育体制机制下，完善职业教育和终身教育，加强企业和职业学校之间的合作，提高职业教育的针对性和适用性，从而为中小微企业的现代化转型提供劳动力基础。

三是多渠道为中小微企业创新发展提供支持。在现代化产业发展的背景下，科技创新是全方位的，中小微企业的发展同样离不开科技创新。然而，中小微企业的资金、技术等多方面都受到限制，因此更加需要为中小微企业的创新发展提供条件。浙江省开展的"专精特新"政策有助于提高中小微企业开展科技创新的积极性。在现有针对中小微企业的科技创新补贴之外，应进一步完善专利保护制度，加强中小微企业与专利服务部门之间的沟通，增强中小微企业对专利服务了解的同时，提高专利服务的效率。此外，完善金融机构的专业化融资机制，开发新的金融产品，为中小微企业的科技创新提供相应的贷款，以缓解其科技创新初期的资金压力。

四是抓住国内大循环为主体的发展契机，拓展国内市场，促进中小微企业的发展。借助人口红利，对外贸易在中国经济发展过程中具有举足轻重的作用。然而，随着中国经济规模的逐渐扩大，国内循环的重要性越发凸显和重要，国内市场的开拓对于中小微企业的作用也日益重要。应在优化本地营商环境的同时，推动跨省跨区域的联合，形成统一大市场，打破地区之间的隔离和地域歧视，以省际合作、区域合作推动市场一体化发展，实现要素市场和产品市场的充分流动，降低交易成本，为中小微企业发展创造有效空间。加强反垄断以及不正当竞争的监管力度，促进公平竞争的市场环境的形成。在公平竞争的市场环境中，充分发挥产业链优势，以大企业带动中小微企业发展，提升中小微企业的发展韧性。

第五章 浙江产业体系的全国辐射效应

第一节 跳出浙江发展浙江

浙江地处东南沿海,陆地面积10.18万平方千米,仅为全国总面积的1.06%,是全国陆地面积最小的省份之一。省内地形复杂,山地和丘陵占70.4%,平原和盆地占23.2%,河流和湖泊占6.4%,耕地面积仅208.17万公顷,有"七山一水二分田"之说。从禀赋优势来看,浙江发展的基础条件较差,其经济能够在短短几十年内异军突起,成为国内乃至世界先进制造业和现代服务业发展重地,关键在于坚持吃改革饭,走开放路,"跳出浙江发展浙江",坚持"走出去"和"引进来"相结合,充分利用国内国际两个市场、两种资源,在更大的空间内谋求自身发展。

一 跳出浙江发展浙江的内涵

20世纪90年代中期,随着民营经济的发展与产业集群的崛起,浙江产品的国际竞争力不断上升,出口贸易得到长足发展,开放型经济成为浙江整个经济社会发展的强大支撑和推动力量。但同时,浙江的开放型经济也面临诸多挑战。由于自然资源匮乏,资源约束加剧,土地资源、劳动力、资本等要素价格不断上涨,企业生产成本上升,中小企业外迁频繁,民间资本外溢速度加快。根据浙江省工商局2003年发布的《从浙企外迁看我省个私民营企业生态环境——关于全省民营企业外迁资金外流》专题调查报告，当时浙江共有3058家民营企业外迁，其中整体外迁488家，总部迁移2488家。外迁企业对外投资总额达226.3亿元，在省外创造的总产值近500亿元。当时有人担心企业外迁会对地方税收、就业、经济增长等产生负面影响，造成浙江本地资本与产业空洞化。

面对这样的困境，时任浙江省委书记的习近平同志经过深入调研，提出"立足全局发展浙江，跳出浙江发展浙江"的战略思路。2005年3月21日，习近平同志在《浙江日报》"之江新语"栏目发表了题为《跳出浙江发展浙江》的文章。文章指出："跳出浙江发展浙江"，是浙江经济发展的必然要求，也是浙江在高起点上实现更大发展的战略选择。我们要以战略的思维、开阔的视野、务实的态度，鼓励浙江人走出去投资创业，同时积极创造良好的发展环境，吸引国内外企业来浙投资，吸引在外企业回来投资。2006年11月1日，他又在"之江新语"栏目发表了《"浙江人经济"拓展浙江经济》的文章，指出："浙江人经济"是浙江人在浙江以及浙江以外任何地方创造的经济总量。这表明了浙江的经济发展模式不仅是富民强省的发展模式，而且也是能够为全国乃至世界经济做出重要贡献的发展模式。

具体来说，"跳出浙江发展浙江"就是鼓励企业"走出去"，充分利用国际国内两个市场、两种资源发展经济，树立起全国乃至全世界的统一大市场的观念，有效融入全国生产要素配置大格局，推进本土产业结构的"腾笼换鸟"和经济的转型升级，为浙江经济发展赢得更大空间。在阐释"跳出浙江发展浙江"理念时，习近平同志用一种"地瓜理论"进行表述：地瓜的藤蔓向四面八方延伸，为的是汲取更多的阳光、雨露和养分，但它的块茎始终在根的基部，藤蔓的延伸扩张最终为的是块茎能够长得更加粗壮硕大。从这一点上来看，浙江企业主动走出去，并非资金外流、企业外迁，而是在更大的范围配置资源、在更大的空间实现更大发展的需要。

首先,"跳出浙江发展浙江"是一种全局意识和政治责任。作为改革开放后率先崛起的东部沿海省份,浙江省的 GDP 总量和人均 GDP 长期处于全国前列。在中央明确要求东部地区认真做好对口帮扶和对口支援工作、加强同中西部地区的合作、支持中西部地区发展的大背景下,"跳出浙江"带动了浙江企业参与全国各区域、多层次、多形式、多渠道的交流与合作,主动参与西部大开发和东北等老工业基地振兴等国家战略,促进浙江与中西部地区资源的优化配置和经济的共同发展,创造了很好的经济效益和社会效益。因此,从全局和战略的高度来看,"跳出浙江发展浙江"为全国大局作出了积极贡献,体现了经济大省的责任担当。

其次,"跳出浙江发展浙江"是浙江必然的战略选择。浙江加强与外部区域的投资与贸易联系,是不同地区进行专业化分工、发挥比较优势的结果。当时,浙江经济社会快速发展,原有的部分优势逐步弱化甚至消失,土地资源成本高、电力供应紧张等因素制约了企业的进一步发展。这种背景下,必须鼓励和支持部分劳动密集型、资源消耗型产业和企业有序地走出去,引入并发展高端产业,弥补浙江在要素供给和环境承载力上的"短板",为调整经济结构、转变增长方式、提升产业层次创造空间。

最后,"跳出浙江发展浙江"是市场经济规律的客观要求。根据产业梯度转移理论,当经济发展到一定阶段时,产业与技术存在由高梯度地区向低梯度地区扩散与转移的趋势。根据国家统计局浙江企业调查队的专项调查,浙江企业外迁完全符合经典的产业梯度转移范式:外迁企业以劳动密集型居多,以去外地投资办厂的扩张型迁移为主,外迁目的地以上海、江苏、江西等东部邻省为主,其动因既有土地、电力等生产要素制约的影响,也有政府招商引资力度不同的影响。总体来看,"跳出浙江"是企业谋求进一步发展的内在动力使然,充分体现了市场在资源配置中的基础性作用。

回过头来看,"跳出浙江发展浙江"以壮士断腕的勇气摆脱对粗放型经济增长方式的依赖,完成区域内产业置换、产业结构调整和产业升级,实现浙江产业"腾笼换鸟、凤凰涅槃"。多年来,浙江按照统筹区域发展的要求,在做大做强自身的基础上所进行产业的梯度转移,不仅是从长远谋划,为浙江发展高附加值产业腾出空间,而且是从全局谋划,为中西部地区发展资源密集型、劳动密集型产业提供了契机。

二 "走出去""引进来"开辟产业发展新局面

1. 浙江经济走出去与引进来

作为"跳出浙江发展浙江"的主体力量,浙商群体发展迅速。20世纪末以来,大批浙江人积极响应国家"西部大开发""东北振兴""中部崛起"等发展战略,带着资本、品牌和先进经营理念"北上南下""挺进中原""征战西部",奔赴全国各地投资,开发资源、开拓市场,逐步形成了"省外浙江人经济"这一特殊的经济现象。浙江省委政研室2010年《关于促进省外浙江人经济与浙江经济互动发展的调查报告》显示,当时全国各地经商办企业的浙江籍人员约为600万,海外浙商数量200余万,800多万家省外浙商企业创造的经济总量约为同期浙江省GDP的80%,相当于省外又再造了一个"浙江省"。2019年第五届世界浙商大会数据显示,省外浙商每年创造的财富总值和浙江全省年GDP相仿。

作为浙江经济走出去的重要抓手,省外浙商企业是浙江推动区域合作、参与合作交流和对口支援工作的开拓者和生力军,为浙江经济对外开放发展做出重要贡献。其中,100多万在沪浙商拥有500多家上市公司和行业龙头企业,年利税超千亿;150万在苏浙商累计投资2万多亿元,年创GDP达2000多亿元,利税300多亿元,吸纳就业350多万人;35万在晋浙商累计投资3000多亿元,利税20多亿元,安排就业120多万人;60多万在赣浙商总投资1.3万多亿元,每年上缴税收占全省财政收入的 15% 左右；在闽浙商以产业链、区块化集群发展的模式，形成宁德不锈钢、厦门电子业、泉州服装鞋帽产业、南安水暖洁具产业、福州化工产业等产业集群，不仅延伸了浙江的产业链，缓解了资源紧张的压力，还为国家统筹区域发展做出巨大贡献。伴随长三角一体化推进，2020 年 6 月，由上海市浙江商会等 7 家商会共同发起的长三角浙商联盟成立。长三角浙商联盟旨在利用自身的组织优势，围绕"服务浙商、服务浙江"发挥桥梁纽带作用，通过跨区域的商会联动，打造一个功能互补、协调联动的产业发展共同体，形成资源叠加、产业互补、协调发展的优势。

另外，浙江也不断引导省外浙商回归"反哺"浙江，在"浙江人经济"与浙江经济融合发展中提升本土经济。在外浙商充分利用当地资源与市场，企业规模与实力得到进一步提升的同时，浙江本地经过多年的发展，投资硬环境与软环境也有了很大改善。如何在更高层次上实现浙商"闯天下"与"强浙江"的有机统一，实现"浙江人经济"与浙江经济的融合发展，是浙江省面临的重大课题。2006 年，浙江省开展实施"省外浙商回归工程"，省政府办公厅转发了《关于进一步加强国内引进工作意见的通知》，明确提出以鼓励和吸引在外浙商回乡投资创业为主要内容的"浙商回归"工程，重点引导资本、资源、人才、信息、技术等优质要素回流，努力促进浙江经济和"浙江人经济"联动发展，形成"走出去"和"引进来"双向互动、良性发展的新格局。《浙江省国内合作交流发展的"十一五"规划》更明确地将引进在外浙商回乡投资的金额与增长速度列入目标。2012 年，"省外浙商回归工程"被列为省政府"头号工程"。2015 年出台《关于引导浙商总部回归和资本回归的实施意见》等系列文件。2017 年，浙江启动浙商回归"5213 行动计划"，推进浙商产业回归、资本回归和人才回归。从实施效果来看，大批浙商带着资金、项目和技术回归浙江进行投资创业，加速了本土产业转型升级，为浙江经济转型发展注入新动能。许多浙商也借助回归之机，完成了自身的转型升级。据统计，2012—2016年，浙商回归资金累计超过1.18万亿元，其中投资重大项目到位资金占全部到位资金的70%以上。2017年浙商回归到位资金5688亿元，其中产业项目到位资金4024亿元。2019年第五届浙商大会招引项目协议总投资达3000亿元以上。

2. 人才引进和技术引进引领产业转型升级

21世纪初，浙江省面临由传统制造业向先进制造业转型的巨大压力。时任浙江省委书记的习近平同志敏锐地意识到，科技创新是推动经济转型升级的核心动力，而人才和技术则是实现科技进步的关键要素。基于此，习近平同志提出了"人才强省"的发展战略，大力推进科技强省建设。

在这一战略的指导下，浙江省逐步建立了由党领导的人才工作组织体系，设立了人才工作领导小组，并推行人才工作目标责任制考核，为"人才强省"战略的全面实施奠定了坚实的组织基础。一方面，浙江省通过吸引国内外高端人才，助力经济高质量发展。搭建如西湖大学等高端科研平台，吸引全球顶尖学术人才，推动技术创新；实施"柔性引才"政策和"揭榜挂帅"模式，发布产业技术难题的"榜单"，吸引大量"候鸟型"人才和技术攻关团队，不仅解决了企业技术"卡脖子"问题，还推动了高新技术成果的产业化转化。另一方面，通过完善本地人才培养体系、引入国内外优质教育资源和加强校企合作，推动高层次人才与技术技能型人才的培养，为区域产业升级和经济高质量发展提供有力支持。其中，全省学前三年到高中阶段的教育普及率超过99%，达到全球高收入国家的平均水平。高等学校数量从2002年的60所增至2022年的117所，高等教育毛入学率从20%提升至66.3%，为科技创新和产业升级提供了人才储备。职业教育在现代农业、先进制造业等领域实现了产教融合，校企合作项目显著增加，推动了区域经济发展。经过多年的政策创新和实践，浙江从一个"人才小省"成功转型为"人才强省"，吸引了大量国内外优秀人才，形成"天下英才汇聚之江"的繁荣局面。

与此同时，浙江省高度重视技术引进与自主创新的结合，从过去依赖后发优势的"技术引进—消化吸收—再创新"模式，逐步转向打造具有先发优势的创新路径。通过引进国内外先进技术，浙江省缩短了与发达地区的技术差距，并在本地进行消化吸收，进一步提升自主创新能力，推动了传统产业的技术改造和新兴产业的发展，最终实现技术内生化和产业升级。例如，浙江省通过省校合作共建创新载体，如浙江清华长三角研究院，吸引清华大学的科研资源进入浙江，推动高端技术的引进和转化。该创新载体不仅在生物医药、信息技术等新兴领域推动了技术升级，还增强了浙江本地企业的技术创新能力。浙江清华长三角研究院的生物医药技术研发成果成功转化至浙江企业，推动了相关产业的技术升级和产品创新。

3. 产品出口助力转型升级

浙江的"地瓜经济"通过广泛的国际化布局，实现了产品结构的优化升级，推动了企业深度参与全球产业链竞争，并助力实现区域产业结构更高端、更具竞争力。浙江省凭借庞大的浙商群体，形成全球化的"藤蔓"网络，通过积极"走出去"吸引国际资源与机会，显著增强了本土企业的国际竞争力。目前，600多万浙商活跃于国内市场，另有200多万浙商遍布全球，为浙江经济的全球化发展注入了强劲动力。

一方面，浙江企业通过产品"走出去"，在国际市场上实现了更高的附加值。例如，华立集团在墨西哥建立工业园区，带动了一大批浙江龙头企业入驻，形成以浙江为基础的产业集群，既促进了当地产业发展，又推动了浙江企业在全球供应链中的地位提升。这种"走出去"的国际化布局，不仅帮助浙江企业融入全球产业链，还通过国际市场对技术和产品的高标准要求，倒逼企业加速技术创新和产业升级，从而带动整个浙江省产业结构的优化与提升。另一方面，浙江省通过跨境电商等新兴商业模式，加速了传统产业的转型升级。

以"永康五金"品牌为例，该品牌成功借助跨境电商平台打入国际市场，展现了浙江省传统制造业通过创新商业模式获取国际竞争优势的能力。通过跨境电商等渠道，浙江省的中小企业能够直接与全球客户建立联系，从而避开中间环节，获取更多利润，推动产品结构向高附加值领域转型。在这一过程中，浙江省不仅将本土的传统优势产业带入全球市场，还借助国际市场的反馈，进一步提升产品的技术含量和品牌影响力，助推传统产业在全球产业链中的地位升级。

此外，为进一步保障外贸企业的发展，浙江省成立"千团万企"金融顾问服务团，提供涵盖融资等全流程服务，帮助企业稳订单、拓市场。在金融支持下，企业能够增强资金流动性，扩大生产和技术研发，确保在国际竞争中保持优势。同时，浙江省不断优化外贸结构，拓展中间品、服务贸易和数字贸易等新兴领域，增强了产业的抗风险能力和持续发展力。与此同时，浙江省还大力推动"一带一路"倡议下的经贸合作，积极开拓共建国家（地区）市场。通过加强与共建"一带一路"共建国家（地区）的合作，浙江省将产品、技术和服务推向全球市场，进一步扩大了其出口市场的覆盖面。这不仅提升了浙江省产品的国际知名度，也为其企业提供了更多的技术合作与资源整合机会，进而推动了浙江省产业结构的进一步优化与升级。通过加强与这些国家（地区）的合作，扩大出口市场并推动产品、技术和服务的全球化。这一系列举措促使浙江省的产业结构进一步优化和升级，助力其在国际市场中的影响力持续增强。

总之，浙江省通过新兴产业出口与传统产业的转型升级，不仅加快了自身经济结构的优化，还逐渐实现了从"制造大省"向"制造强省"的迈进。这一过程中，浙江省凭借金融支持、外贸结构优化以及与"一带一路"共建国家（地区）的深度合作，为其外贸产业注入了新的活力，推动产业结构的高质量升级和可持续发展。

三 区域融合发展与对外开放

多年来，浙江经济始终坚持"跳出浙江发展浙江"发展理念，鼓励浙江企业利用两种资源、开发两个市场，最终实现从产品走出去，到企业走出去，再到产业集群走出去的发展历程，有效发挥国内和国际的经济联动效应，在区域融合和对外开放发展中促进浙江产品结构的优化，带动浙江产业结构的调整与升级。

在区域融合发展方面，浙江省各类经济主体主动参与经济内循环，在区域经济协调发展过程中深化产业链合作，稳定供应链，降低产业发展风险，提升产业链韧性。进入21世纪以来，随着《长江三角洲地区区域规划》《长江三角洲区域一体化发展规划纲要》等系列顶层设计的发布和长三角一体化发展战略上升为国家战略，长三角地区一体化发展和区域合作不断推进，产业合作和省级毗邻区建设不断加强，区域内各地发挥自身优势，协同发展，产业链创新链融合进一步深化。其中，上海作为大都市，发挥龙头带动作用和高科技引擎作用，苏浙皖发挥各自比较优势、错位发展，如江苏制造业发达、科教资源丰富，浙江数字经济领先、民营经济发达，安徽制造特色鲜明、创新活跃强劲等。浙江主动接轨上海，积极参与长三角区域、长江经济带的交流与合作，扩大高水平对外开放，国际贸易和投资市场日益繁荣，服务贸易、跨境电子商务等新业态从无到有迅猛发展，内外联动效应逐渐增强。另外，浙江也以外贸强省的优势，助力长三角地区积极融入国内国际双循环。其中，全国首个跨省（市）合作的科技园——张江长三角科技城，就是在统一品牌、统一规划、统筹协调的原则下，积极探索浙江的土地、劳动力等要素资源和上海的平台、人才和品牌资源的优势互补，大力发展智能制造、科技信息、生命健康和高端商贸服务业等产业，发展成为浙沪协同创新的融合发展示范区。

在对外开放方面，浙江省大力多层次推动国际合作模式，实现对外开放与经济高质量发展有机结合，提供了中国经济"走出去"的浙江经验。根据统计数据，2016—2021年，浙江省进出口总额由22202亿元增至41429亿元，年度进出口规模居全国第三。其中，出口由17666亿元增至30121亿元，占全国的份额由12.8%升至13.9%，连续11年居全国第三。其中，具有高附加值的机电和高新技术产品出口占出口总额的比重分别由2016年的42.4%和6.3%上升至2021年的45.8%和9.0%，实现较大幅度提升。2021年，中国（浙江）自由贸易试验区舟山片区油品进出口额为1445亿元，是2017年成立时的9.2倍；宁波舟山港货物吞吐量达12.2亿吨，连续13年居全球第一，集装箱吞吐量达到3108万标箱，成为继上海港、新加坡港之后，世界上第三座跻身"3000万俱乐部"的港口。2021年中欧班列"义新欧"累计开行1904列，经海关监管进出口集装箱15.7万标箱，同比分别增长36.1%和35.9%。另外，浙江企业通过境外建立生产基地、设立研发中心、海外并购、海外上市等多种新形式"走出去"，积极开拓海外市场，提升了浙江开放新优势。2016—2021年，浙江省国外经济合作营业额累计441亿美元，境外直接投资备案额累计768亿美元。开放平台能级大幅提升。

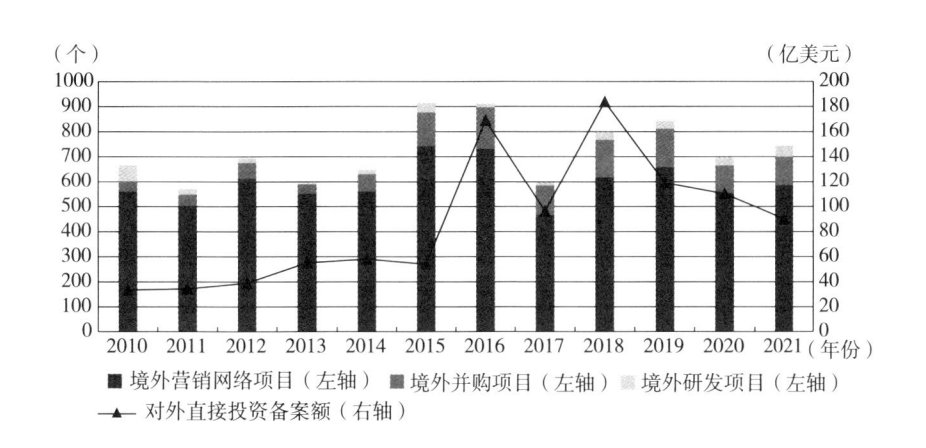

图 5-1 浙江省对外投资数据

资料来源：浙江省商务厅。

此外，浙江省以融入"一带一路"建设和全方位开放为目标，聚焦发展对外贸易依赖型产业链，大力推进自贸区、开发区等各类产业合作开放平台建设。其中，浙江省对外开放类合作平台有自贸区、国际产业合作园、经贸合作区和海关特殊监管区四类，包括中国（浙江）自贸试验区1个，20个国际产业合作园、5个经贸合作区以及12个海关特殊监管区（见本章附表1至附表5）。目前，浙江20家国际产业合作园累计引进合作国家项目1000个左右、投资总额约100亿美元，主导产业多集中在智能制造、人工智能、汽车制造、生物医药、新能源、新材料、现代服务业等战略性新兴产业领域。

另外，浙江省积极打造境外经贸合作区。截至2022年，浙江省拥有4家国家级境外经贸合作区，14家省级境外经贸合作区，其中7家在RCEP区域国家。2021年，全省境外经贸合作区建区企业累计投资额177.12亿美元（其中基础设施建设投入43.43亿美元），入驻企业640家，累计投资额133.64亿美元，纳税额约5亿美元，解决当地就业5.85万人。

案例专栏

案例一：宁波均胜集团通过海外并购筑造产业链闭环

宁波均胜电子股份有限公司成立于2004年，早期主要生产汽车零配件。2009年通过收购上海华德后，完成国内汽车零配件产品系市场的拓展和整合，成为国内知名汽车公司的供货商。在这之后，均胜集团又多次以海外并购的方式整合优化全球资源。2011年以1.2亿欧元并购陷入财务困境的德国Preh公司，实现产品升级和海外拓展，进入全球高端汽车零配件领域。2014年收购了德国IMA及QUIN两家公司，完成汽车电子事业部和功能件事业部的欧洲布局。2016年收购美国KSS公司和德国TS（Technisat）道恩公司的汽车信息模块，延伸产业链至汽车安全产品和车载汽车信息板块产品。同年收购美国公司EVANA Automation，完成工业机器人及自动化业务在欧洲、亚洲及北美的布局。2018年并购日本高田公司的优质资产，进一步增强在汽车安全领域的布局，公司汽车安全事业部跃升至全球被动安全第二。通过十多年的海外并购及海外收购措施，均胜集团完成在智能人机界面、自动驾驶、智能车联等各个重要领域的全产业链布局，形成了完善的产业链闭环，从一家单纯做汽车功能件生产的国内一般性企业发展为拥有智能车联、汽车安全、汽车电子和汽车功能件四个事业部的全球化集团。

案例二：卧龙集团通过并购实现全球化治理

卧龙集团成立于1984年，从一家村办小厂到2002年在A股上市，再到如今成为一家行业全球领先的企业，多年来，公司在专注电机及控制驱动核心实业的同时，通过持续不断的海外并购和整合发展，完善企业产业结构，成为全球有竞争力的跨国公司。2011年收购奥地利ATB驱动技术集团，卧龙集团的电机生产水平加速迈进了15年，达到欧洲标准；2014年收购欧洲顶尖的机器人集成应用制造商意大利SIR公司，将产业链延伸至机器人集成应用领域；2015年收购全球最大的振动电机企业意大利OLI公司80%股份，提升了其电机制造水平的同时，也拓展其全球营销网络；2018年完成对美国通用电气（GE）中低压电机业务的并购，利用GE悠久历史积累下的丰富资源和先进技术，成为全球第二的电机企业。经多次外延式并购，卧龙集团的产业链不断完善，补齐了新能源汽车驱动电机、高端和超高端家用电机、振动电机等多个领域的产品线，研发创新能

> 力和市场竞争力也在不断提升。目前卧龙集团已经形成遍及全球 50 多个国家（地区）的研发、制造和业务网络，在高压驱动整体解决方案、新能源汽车驱动电机、高端和超高端家用电机、振动电机等领域已逐步取得行业的全球领导权，能够与国际巨头 ABB、西门子同台竞争。

第二节 浙江产业体系的辐射效应现状

随着科学技术的发展，区域间经济联系日益紧密，经济发达城市和省份对区域经济的影响日益提高。为充分发挥中心城市的经济辐射效应，党中央和国务院提出了城市群发展战略，旨在建立以中心城市引领城市群发展、城市群带动区域发展新模式，推动区域板块之间融合互动发展。浙江作为全国经济大省，先进的现代产业体系不仅直接影响长三角区域经济发展，对全国经济发展有重要的辐射效应，而且通过对外贸易发挥更强的辐射效应。

一 经济辐射的度量

借鉴经济地理学的概念，浙江产业体系的经济辐射效应，主要体现在浙江与区域经济和全国经济的竞争合作关系方面，包括经济发展规模、产业结构、经济开放等方面。要注意的是，本章所考虑的浙江整体现代产业体系的辐射效应与经济地理学中考虑中心城市的辐射效应有很大的不同。我们的研究对象是整体的浙江现代产业体系而非中心城市，中心城市和非核心城市都可能覆盖了重要产业。因此，不适宜使用中心城市辐射力测度方法来考察浙江现代产业体系对全国经济辐射效应。基于如上方法的局限性和数据的可获得性，基于浙江省投入产出表数据、全国省级投入产出表数据，以及世界投入产出表数据，我们使用投入产出模型研究浙江现代产业体系的辐射效应。

生产网络中，生产部门既是需求者，也是供给者，衡量一个部门的重要程度可以从供给和需求两个层面刻画。生产网络经济中，用完全消耗系数测度后向联系，反映产品生产过程中对其他部门产品的拉动；用完全分配系数测度前向联系，反映产品分配过程中给其他部门带来的推动。

部门后向拉动效应表示为完全消耗系数的列向量之和，即 $f=1'B$。其中，B 为 $n×n$ 的完全消耗系数矩阵，1 为元素为 1 的 n 维的行向量。可通过计算经济中所有部门后向效应的平均值标准化计算拉动力系数 h，即 $h=nf/f1$。部门前向推动效应表示为完全分配系数的行向量之和，即 $d=D1'$。其中，B 为 $n×n$ 的完全分配系数矩阵。类似地，可以标准化计算推动力系数 e，$e=nd/d1$。

二 浙江产业体系的生产网络特征

1. 后向效应

在分析浙江现代产业体系对全国经济的辐射效应之前，先分析浙江现代产业体系的生产网络特征。通过生产网络指标捕捉浙江现代产业体系的特征，提炼概括浙江现代产业体系的发展特色。具体地，使用浙江投入产出表测度浙江现代产业体系中的部门后向效应和前向效应，并计算各部门对整个浙江经济的拉动效应和推动效应。2017 年浙江省投入产出表有 42 行业和 142 行业两个版本，142 行业版本中的行业划分更为细致。我们旨在分析浙江现代产业体系对全国的经济辐射效应，更注重于宏观层面效应，故使用浙江省 42 行业投入产出表数据作为分析基础数据。

根据经济影响力系数的计算公式，可计算浙江各行业的影响力系数。传统定义的拉动系数在对完全消耗系数按矩阵列加总时的权重都为 $1/n$。实际上，在经济中每个行业的规模并不相同，按照相同权重加总测度的影响力系数并不能准确反映部门的重要程度。借鉴肖皓和朱俏的研究,[①] 我们使用部门增加值率（部门增加值占 GDP 的比重）作为权重系数计算浙江各行业的影响力系数,计算公式如下:

$$L_j = \sum_{i=1}^{42} w_i x_{ij} \bigg/ \left(\frac{1}{42} \sum_{j=1}^{42} \sum_{i=1}^{42} w_i x_{ij} \right)$$

其中,L_j 表示行业 j 的影响力系数,w_i 表示行业 i 的增加值率,x_{ij} 为完全消耗系数。

表 5-1　　　　　　　　浙江省影响力前 20 位行业

2007 年		2012 年		2017 年	
系数	行业	系数	行业	系数	行业
2.118	化学工业	2.196	化学产品	2.407	化学产品
2.019	纺织业	2.021	纺织品	1.941	纺织品
1.852	纺织服装鞋帽皮革羽绒及其制品业	1.811	纺织服装鞋帽皮革羽绒及其制品	1.899	卫生和社会工作
1.759	电气机械及器材制造业	1.718	电气机械和器材	1.752	交通运输设备
1.720	工艺品及其他制造业	1.633	交通运输设备	1.693	电气机械和器材
1.628	造纸印刷及文教体育用品制造业	1.586	金属冶炼和压延加工品	1.480	纺织服装鞋帽皮革羽绒及其制品
1.580	木材加工及家具制造业	1.569	通用设备	1.456	木材加工品和家具
1.569	交通运输设备制造业	1.532	造纸印刷和文教体育用品	1.445	造纸印刷和文教体育用品
1.560	金属冶炼及压延加工业	1.531	金属制品	1.422	通信设备、计算机和其他电子设备
1.542	金属制品业	1.494	卫生和社会工作	1.385	金属制品
1.523	非金属矿及其他矿采选业	1.402	专用设备	1.363	通用设备
1.520	通信设备、计算机及其他电子设备制造业	1.396	通信设备、计算机和其他电子设备	1.348	仪器仪表

---

① 肖皓、朱俏:《影响力系数与感应度系数的评价与改进——考虑增加值和节能减排效果》,《管理评论》2015 年第 3 期。

续表

2007 年		2012 年		2017 年	
系数	行业	系数	行业	系数	行业
1.500	仪器仪表及文化办公用机械制造业	1.388	其他制造产品	1.326	专用设备
1.491	通用、专用设备制造业	1.348	仪器仪表	1.235	研究和试验发展
1.462	卫生、社会保障和社会福利业	1.313	建筑	1.226	建筑
1.407	建筑业	1.306	木材加工品和家具	1.207	金属冶炼和压延加工品
1.241	废品废料	1.143	废品废料	1.111	非金属矿物制品
1.069	非金属矿物制品业	1.063	非金属矿物制品	1.063	食品和烟草
0.966	租赁和商务服务业	1.053	金属制品、机械和设备修理服务	0.957	水的生产和供应
0.898	煤炭开采和洗选业	1.051	金属矿采选产品	0.921	居民服务、修理和其他服务

表 5-1 汇报了 2017 年拉动浙江经济发展的前 20 位行业。测算结果显示，除卫生和社会工作，居民服务、修理和其他服务，研究和试验发展等服务行业，拉动浙江经济发展的主要是工业。虽然服务业占 GDP 比重超过 50%，但对经济发展起到压舱石作用的还是第二产业。

表 5-1 也汇报了 2007 年和 2012 年的影响力系数前 20 位行业。综合 2007 年、2012 年和 2017 年这三年数据，可以发现浙江产业体系结构发生了重要变化。首先，化学产品和纺织品是近 20 年来的拉动浙江经济发展的重要行业，一直位居前两位。其次，劳动密集型的纺织服装鞋帽皮革羽绒及其制品等行业的拉动效应下降，而通信设备、计算机和其他电子设备，交通运输设备，电气机械和器材，研究和试验发展，仪器仪表等代表资本密集型和技术密集型的行业的拉动效应上升。最后，对居民福利有直接作用的居民服务、修理和其他服务，卫生和社会工作等服务行业对浙江经济发展起到越来越重要的作用。

2. 前向效应

如上分析了浙江各行业对下游需求的后向效应，接下来分析各行业的前向效应。前向效应是从需求视角来分析各行业对经济的影响，主要测度经济中所有部门每增加一个单产出时，某一行业部门对此变动的感应程度。与 L_j 的定义类似，可以定义行业 j 的感应度系数 F_i 的计算公式如下：

$$F_i = \sum_{j=1}^{42} w_i x_{ij} \Big/ \left(\frac{1}{42} \sum_{i=1}^{42} \sum_{j=1}^{42} w_i x_{ij} \right)$$

表 5-2　　　　　　　　　　浙江省感应度前 20 位行业

2007 年		2012 年		2017 年	
系数	行业	系数	行业	系数	行业
7.473	金属冶炼及压延加工业	7.284	金属冶炼和压延加工品	5.486	化学产品
6.818	化学工业	6.007	化学产品	5.298	金属冶炼和压延加工品
2.622	电力、热力的生产和供应业	2.754	电力、热力的生产和供应	2.913	交通运输、仓储和邮政
2.611	纺织业	2.369	金融	2.907	煤炭采选产品
2.268	废品废料	1.772	煤炭采选产品	2.847	电力、热力的生产和供应
1.783	金属制品业	1.734	交通运输、仓储和邮政	2.470	批发和零售
1.741	批发和零售业	1.586	废品废料	2.003	金融
1.356	石油和天然气开采业	1.499	纺织品	1.234	金属矿采选产品
1.215	交通运输及仓储业	1.482	批发和零售	1.163	纺织品
1.076	造纸印刷及文教体育用品制造业	1.262	造纸印刷和文教体育用品	1.122	造纸印刷和文教体育用品
1.049	石油加工、炼焦及核燃料加工业	1.256	电气机械和器材	0.999	租赁和商务服务
1.047	电气机械及器材制造业	1.138	石油和天然气开采产品	0.924	石油、炼焦产品和核燃料加工品
1.045	煤炭开采和洗选业	1.058	通用设备	0.905	农林牧渔产品和服务
0.974	金融业	0.979	石油、炼焦产品和核燃料加工品	0.822	石油和天然气开采产品
0.949	通信设备、计算机及其他电子设备制造业	0.874	租赁和商务服务	0.814	非金属矿物制品
0.864	通用、专用设备制造业	0.873	非金属矿物制品	0.811	交通运输设备

续表

2007 年		2012 年		2017 年	
系数	行业	系数	行业	系数	行业
0.832	农林牧渔业	0.791	农林牧渔产品和服务	0.807	金属制品
0.752	租赁和商务服务业	0.790	通信设备、计算机和其他电子设备	0.779	其他制造产品和废品废料
0.718	非金属矿物制品业	0.737	金属制品	0.766	房地产
0.712	纺织服装鞋帽皮革羽绒及其制品业	0.714	交通运输设备	0.763	食品和烟草

表 5-2 汇报了 2007 年、2012 年和 2017 年这三年浙江省感应度系数排名前 20 位的行业。首先，化学产品，金属冶炼和压延加工品，煤炭采选产品，电力、热力的生产和供应等上游产业的敏感度系数较高。这意味着，上游产业对浙江经济产业起着至关重要的作用，反映了当前浙江的现代产业体系结构。其次，交通运输、仓储和邮政，批发和零售，金融，租赁和商务服务等反映浙江现代产业体系供应链的敏感度系数较高，意味着浙江现代产业体系高质量发展过程中部门间生产关联密切，供应链部门对经济发展发挥着重要作用。再次，浙江现代产业经济结构优化明显，废品废料部门的敏感度系数下降反映了先进生产技术和环保技术的有效利用，使得经济生产过程中产生的废物废料减少。最后，结合表 5-1 的影响力系数，浙江经济发展至关重要的行业还是制造业，这是当前和今后浙江经济高质量发展并持续辐射全国经济的"压舱石"。

三 产业体系的全国经济辐射效应

1. 整体概况

清华大学编制了 2012 年和 2017 年全国区域投入产出表，包含 31 个省份和 42 个行业，这为我们分析浙江对全国经济辐射提供了数据基础。首先，根据投入产出表计算完全消耗系数，得出全国其他 30 个省份 42 行业对浙江对应产业的完全消耗系数；其次，以浙江各行业增加值率为权重对各列加总得到对各行业的辐射效应；最后，分省份加权加总行业层面的辐射效应得到省级层面的辐射效应。其中，加权权重为各省的行业增加值率。具体计算公式如下：

$$Leffect_m = \sum_{j=1}^{42} g_{j,m} \sum_{i=1}^{42} w_i x_{ij,m}$$

其中，$x_{ij,m}$ 表示省份 m 的完全消耗系数，w_i 为浙江行业 i 的增加值占比，$g_{j,m}$ 为省份 m 的 j 行业增加值率。

实际计算中 $Leffect_m$ 的数值较小，我们进行标准化处理，在计算过程中把作为权重的增加值率都乘以行业总数量，即对 $Leffect_m$ 乘以1764。

表5-3　　浙江对全国各省份的经济辐射效应：需求视角

排序	2012年 省份	2012年 辐射效应	2017年 省份	2017年 辐射效应
1	河北	10.236	江苏	7.002
2	江苏	7.199	河南	6.296
3	山东	6.677	山西	6.222
4	河南	5.910	广东	5.979
5	山西	4.943	上海	5.793
6	江西	4.598	山东	4.861
7	内蒙古	4.505	河北	3.788
8	辽宁	3.384	北京	3.558
9	安徽	2.663	内蒙古	2.960
10	上海	2.522	江西	2.490
11	陕西	2.427	安徽	2.333
12	湖南	2.347	吉林	2.190
13	黑龙江	2.255	陕西	2.152
14	天津	2.146	贵州	1.864
15	新疆	1.763	辽宁	1.740
16	北京	1.739	天津	1.463
17	甘肃	1.517	黑龙江	1.432

续表

排序	2012 年		2017 年	
	省份	辐射效应	省份	辐射效应
18	广东	1.480	重庆	1.392
19	云南	1.469	福建	1.366
20	吉林	1.355	湖南	1.336
21	广西	1.329	云南	1.268
22	四川	1.107	新疆	1.127
23	贵州	1.079	广西	0.946
24	重庆	1.075	四川	0.810
25	海南	0.634	湖北	0.787
26	宁夏	0.622	甘肃	0.777
27	湖北	0.542	宁夏	0.440
28	福建	0.505	海南	0.357
29	青海	0.375	青海	0.190
30	西藏	0.004	西藏	0.066

表5-3汇报了浙江省经济发展对各省经济的拉动效应。2017年，浙江辐射效应前八强分别为江苏、河南、山西、广东、上海、山东、河北、北京，整体反映了浙江的现代产业体系特征。一方面，浙江省与广东、江苏和山东等经济强省紧密相连，这些省份是浙江省现代产业体系发展的重要供给方；另一方面，浙江与山西、内蒙古、河南等能源省份密切相关，反映出浙江省的能源供给来源。此外，河北的生物医药和化工、北京的金融服务等都有力支撑了浙江现代经济体系建设。浙江对西北的青海、宁夏、甘肃，以及西南的四川、西藏、广西等拉动效应较弱，辐射效应较小。综合来看，浙江现代产业体系发展的拉动效应主要是能源需求以及发达省份的制造业产品需求。

如上从需求视角分析了浙江经济发展如何影响各省份的经济，接下来从供给视角考察浙江现代产业体系的辐射效应。类似地，可以定义各省份对浙江经济的感应度效应：

$$Feffect_m = \sum_{j=1}^{42} w_i \sum_{j=1}^{42} g_{j,m} x_{ij,m}$$

表5-4　全国各省份对浙江的经济辐射效应：供给视角

排序	2012年 省份	2012年 辐射效应	2017年 省份	2017年 辐射效应
1	安徽	4.906	北京	8.882
2	甘肃	4.280	宁夏	4.115
3	北京	4.198	重庆	3.673
4	云南	4.175	河南	3.503
5	陕西	4.126	海南	3.341
6	海南	3.800	上海	3.116
7	西藏	3.779	陕西	3.085
8	宁夏	3.650	吉林	2.988
9	河南	3.596	新疆	2.820
10	贵州	3.403	贵州	2.644
11	重庆	3.343	安徽	2.637
12	新疆	3.330	广西	2.523
13	上海	3.307	云南	2.493
14	山西	3.249	西藏	2.492
15	辽宁	3.177	江西	2.462
16	广东	2.970	广东	2.349
17	江西	2.821	黑龙江	2.173
18	天津	2.777	青海	1.990
19	广西	2.599	辽宁	1.964
20	黑龙江	2.561	天津	1.963
21	江苏	2.398	内蒙古	1.938
22	福建	2.073	甘肃	1.930
23	吉林	2.064	山西	1.760
24	内蒙古	1.973	河北	1.606
25	湖南	1.922	江苏	1.537
26	四川	1.846	四川	1.537

续表

排序	2012 年		2017 年	
	省份	辐射效应	省份	辐射效应
27	青海	1.783	湖南	1.459
28	河北	1.723	湖北	1.175
29	湖北	1.120	山东	1.073
30	山东	0.714	福建	0.733

表5-4汇报了供给视角下浙江省现代产业体系对全国各省份的辐射效应。首先，浙江现代产业体系对发达和落后省份的效应呈现显著差异性。浙江对经济相对落后的宁夏、新疆、贵州等省份的供给辐射效应较强，而对经济发达的江苏、山东等省份的辐射效应较弱，这与需求视角下浙江对全国各省份辐射效应相反。这一特征表明浙江现代产业体系发展对发达省份的经济渗透程度还有待加强，同时也表明浙江现代产业体系高质量发展对相对落后省份的重要性。其次，对比2012年和2017年的各省份排名，可知各省份的排序发生了重大变化。一方面，这反映了浙江现代产业体系的结构转变；另一方面，也表明5年多的时间里，中国各省份的产业结构呈现出的变迁态势。

浙江作为长三角的重要省份，浙江的发展离不开区域经济协同发展，区域的发展也离不开浙江。需求视角下，2017年江苏、上海、安徽对浙江产品生产供给排名分别为1、5、11，2012年分别为2、10、9。这一特征既反映了长三角四省市经济的紧密联系，也表明生产关联紧密程度进一步提高。供给视角下，2017年江苏、上海、安徽对浙江产品需求排名分别为25、6、11，2012年分别为21、13、1。这一结果表明，江苏和安徽对浙江产品的需求程度进一步提升，而上海对浙江产品的需求程度略有下降。这可能是其他省份产品的竞争程度提高，也可能是上海产业结构发生了重要调整。综合来看，浙江现代产业体系与长三角区域经济联系日趋紧密。

2. 浙江核心产业的效应

需要注意的是，$Leffect_m$ 描述了总体效应，可以进一步测度各行业的影响力效应，计算公式如下：

$$Leffect_{j,m} = \sum_{i=1}^{42} w_i x_{ij,m} \Big/ \Big(\sum_{j=1}^{42} g_{j,m} \sum_{i=1}^{42} w_i x_{ij,m} \Big)$$

$Leffect_{j,m}$ 表示浙江省经济 j 行业增值一单位对 m 省经济产出的影响。同样，可以进一步测度各行业的敏感度效应，计算公式如下：

$$Feffect_{i,m} = \sum_{j=1}^{42} g_{j,m} x_{ij,m} \Big/ \Big(\sum_{j=1}^{42} w_i \sum_{j=1}^{42} g_{j,m} x_{ij,m} \Big)$$

$Feffect_{i,m}$ 表示 m 省产出增值一单位对浙江省 i 行业的敏感效应。

表 5-5 浙江省现代产业体系重要行业

排序	增加值率	需求视角	供给视角
1	交通运输及仓储业	燃气生产和供应	金属冶炼和压延加工品
2	化学工业	金属冶炼和压延加工品	化学产品
3	邮政业	电气机械和器材	交通运输、仓储和邮政
4	信息传输、计算机服务和软件业	化学产品	电力、热力的生产和供应
5	纺织业	石油、炼焦产品和核燃料加工品	金融
6	租赁和商务服务业	金属制品	通信设备、计算机和其他电子设备制造业
7	通信设备、计算机及其他电子设备制造业	通信设备、计算机和其他电子设备制造业	房地产
8	通用、专用设备制造业	非金属矿物制品	租赁和商务服务
9	金融业	纺织品	金属制品
10	燃气生产和供应业	燃气生产和供应	批发和零售

表 5-5 分别从增加值率、需求视角和供给视角列出了前 10 大行业，可以发现不同维度刻画的重要行业有重合性，比如信息传输、计算机服务和软件业，化学产品等。需求视角和供给视角是基于投入产出表数据计算，主要是从经济意义上刻画部门的作用，但增加

值率更具有直观的经济含义，也有更强的现实意义。因此，我们从经济增加值率视角选取代表性制造业和服务业探讨对全国经济的辐射效应，主要包括化学工业，通信设备、计算机及其他电子设备制造业，信息传输、计算机服务和软件业，交通运输及仓储业等。

表 5-6　　　　　浙江省重点行业对全国经济辐射效应

排序	化学工业		通信设备、计算机及其他电子设备制造业		交通运输及仓储业		信息传输、计算机服务和软件业	
	需求	供给	需求	供给	需求	供给	需求	供给
1	江苏	河南	江苏	北京	上海	北京	上海	北京
2	广东	新疆	安徽	上海	贵州	甘肃	河南	宁夏
3	山东	河北	广东	宁夏	北京	河北	河北	上海
4	河南	陕西	河南	重庆	陕西	陕西	内蒙古	海南
5	上海	云南	江西	云南	江苏	吉林	江苏	贵州
6	江西	重庆	山东	天津	河南	新疆	北京	西藏
7	安徽	甘肃	上海	河北	辽宁	贵州	山西	天津
8	吉林	安徽	河北	陕西	福建	海南	山东	新疆
9	河北	海南	湖南	辽宁	重庆	河南	辽宁	云南
10	重庆	北京	福建	贵州	安徽	宁夏	广东	重庆
11	湖南	广西	陕西	河南	内蒙古	湖南	重庆	河北
12	陕西	江西	重庆	海南	山西	黑龙江	吉林	陕西
13	贵州	广东	北京	山西	天津	广西	江西	湖北
14	天津	四川	天津	新疆	河北	西藏	陕西	江苏
15	福建	黑龙江	辽宁	广西	广西	重庆	湖北	广西
16	内蒙古	吉林	四川	吉林	四川	上海	贵州	青海
17	辽宁	辽宁	吉林	江西	江西	云南	天津	河南
18	北京	宁夏	湖北	安徽	吉林	江西	湖南	广东
19	宁夏	湖南	山西	内蒙古	海南	内蒙古	安徽	江西
20	湖北	青海	广西	四川	甘肃	青海	海南	内蒙古
21	黑龙江	上海	贵州	广东	山东	江苏	广西	吉林
22	新疆	西藏	新疆	山东	湖北	安徽	黑龙江	辽宁

续表

排序	化学工业		通信设备、计算机及其他电子设备制造业		交通运输及仓储业		信息传输、计算机服务和软件业	
	需求	供给	需求	供给	需求	供给	需求	供给
23	四川	内蒙古	内蒙古	甘肃	湖南	广东	福建	黑龙江
24	海南	山西	甘肃	青海	西藏	天津	新疆	甘肃
25	广西	江苏	黑龙江	湖南	宁夏	辽宁	甘肃	安徽
26	云南	天津	青海	西藏	新疆	山西	云南	湖南
27	甘肃	贵州	宁夏	湖北	黑龙江	湖北	四川	山西
28	山西	山东	云南	黑龙江	青海	山东	宁夏	四川
29	青海	湖北	海南	江苏	云南	四川	西藏	福建
30	西藏	福建	西藏	福建	广东	福建	青海	山东

表5-6汇报了浙江省代表性重点制造业和服务业行业对全国经济的辐射效应。化学工业方面，江苏、广东、山东、河南、上海、江西、安徽等经济强省和长三角省份是浙江化工产业生产的主要上游材料供应省份，而河南、新疆、河北、陕西、云南、重庆、甘肃、安徽、海南等省份是浙江化工产品的主要需求省份。其中，河南和安徽与浙江化工产业联系最为紧密，既是主要供给方，也是主要需求方。

通信设备、计算机及其他电子设备制造业方面，江苏、安徽、广东、河南、江西、山东、上海等发达省份和周边省份是主要上游产品供给方，而北京、上海、宁夏、重庆、云南、天津、河北等省份是主要产品需求省份。一方面，北京和上海的产业结构以服务业为主，通信设备、计算机及其他电子设备制造业行业产品主要由其他省份供给；另一方面，宁夏、重庆、云南等省份在通信设备等行业产品的制造能力相对较弱，成为浙江的主要需求方。需要注意的是，江苏、广东、山东等经济强省也有很强的通信设备、计算机及其他电子设备制造生产能力，对浙江产品的需求水平较低。

交通运输及仓储业方面，上海、贵州、北京、陕西、江苏、河南、辽宁、福建、重庆、安徽等省份向浙江供给较多，主要反映了北京和上海与浙江的紧密经济联系，也反映了运输距离和原材料供应情况；北京、甘肃、河北、陕西、吉林、新疆、贵州、海南、河南、宁夏等省份对浙江的需求较多，多是远离浙江的偏远省份，因此对浙江的交通运输及仓储需求较多。特别地，广东、天津、辽宁、山西、湖北、山东、四川、福建等省份对浙江交通运输及仓储需求的增加值较低，主要是因为海运和河运的价格较低。

信息传输、计算机服务和软件业方面，上海、河南、河北、内蒙古、江苏、北京、山西、山东、辽宁、广东等是重要的供给省份，而北京、宁夏、上海、海南、贵州、西藏、天津、新疆、云南、重庆等是重要的需求省份。呈现这一特征主要是由各省的经济结构特征决定的。

综上，我们从整体和分行业、供给和需求等视角考察了浙江经济生产关联特征，也分析了浙江与其他省份的经济联系，特别研究了代表性制造业和服务业部门与其他省份的经济联系。结果表明，浙江经济对全国辐射较强，呈现出紧密的区域经济特征，也与各省经济结构、地理位置等密切相关。

第三节　产业体系转型升级助力双循环

多年来，浙江省坚持对外开放与区域协调发展，通过产业体系转移和产业结构升级深度参与东中西部地区协作和全球价值链分工合作，共同建设产业链协同优势，实现本土产业"腾笼换鸟，凤凰涅槃"，通过构建产业体系新发展格局来推动经济体系优化升级，助力国内外双循环的新发展格局形成，为共同富裕示范区建设赋能。

一　浙江产业体系转移

多年来，浙江省采用向中西部地区转移生产加工能力、向东部地区进行市场扩张的"东扩、西进、北上"的产业转移战略，发挥产业链优势，有序引导产业转移，带动合作省份的经济发展。同时，通过深度参与国际合作，进行产业链跨国转移，主动参与全球产业链重塑，深度参与全球分工，通过强化供应链体系的可控力，加强在全产业链上的话语权。

1. 浙江产业体系的国内转移

首先，浙江经济的国内产业梯度转移为全国深化东西部地区协作提供"浙江方案"，其生产加工能力向中西部地区和东北地区转移是产业集群自然演化的结果。1999年"西部大开发"战略的制定揭开了中国地区发展布局与产业结构大调整的序曲，随后"中部崛起""东北振兴""东部现代化"等系列区域协调发展战略相继出台，浙江产业体系国内转移速度逐渐加快。为了促进中西部地区和东北地区的开发，国家加大了对西部地区的投资力度，制定了系列投资优惠政策。同时，地方加快基础设施建设与软环境建设，以吸收区外投资，在促进地区经济发展的同时，也引起浙江等东部地区的外出劳动力回流。在这种背景下，中西部地区的经济发展对资金、技术、企业家或经营资源的需求迅速增加，促使浙江与中西部的产业内部贸易迅速扩大，加快浙江经济西进北上的步伐。同时，东北地区有较雄厚的重化工业基础，拥有设备等资本品，配套产业、销售网络、技术、人才、土地、原材料供应等优势，一些浙江企业以民营资本、经营人才、市场营销的优势，参与对东北地区的国有企业投资，通过资本联合与企业改制，促进东北地区经济转型发展。举例来看，温州的制造业和手工业以产业集群的方式向中西部地区转移，助力湖南邵东市的打火机产业、隆回县等地的皮鞋制造产业的发展；浙江在新疆建立了阿克苏产业园，利用新疆的生产资料优势和浙江的生产力优势，巩固纺织行业上下游产业链；浙江在四川青川设立浙川产业合作园，建立产业链扶贫协作机制；浙江在吉林围绕着高铁、汽车与农产品精深加工，深度推进浙江与吉林的产业链协作。

其次，浙江经济深度融入区域经济一体化，市场势力的东部扩张是浙江经济高质量发展的需要。改革开放初期，长三角地区经济联系逐步增强，浙江利用上海市场的经济辐射作用，通过增设经销网点、开发市场实施产品东扩，实现财富的积累。随着20世纪90年代浦东新区的开放和上海"四个中心"建设推进，浙江省政府提出主动接轨上海，成千上万的浙江商人与浙江企业进入上海和江苏的南部中部地区，开始了"东扩"热潮，区际投资规模明显增大。当时，浙商企业在上海设立公司总部、开办市场和开发房地产，利用上海的市场、人才、信息与金融等配套服务对外拓展，走向全国。2008年后，随着浙江进入工业化发达阶段，浙商加大了对上海、江苏等地新兴产业的投资，尤其是信息经济、装备制造、金融服务等领域的投资。例如，阿里巴巴将支付宝总部迁往上海；宁波、温州、台州等地的大中型民营企业纷纷在上海设立企业总部或技术中心等。同时，上海、江苏对浙江的投资得到较快增长，主要集中于装备制造、智能制造、化工、能源、医药等技术—资本密集型产业和电子商务、金融投资、航运、商业贸易、房地产等现代中介服务业，投资区域主要集中于杭州、宁波、嘉兴与舟山等周边地区，通过股份合作、委托管理、产业招商等方式，共建产业园区、科技园、协作区与港口码头等"平台合作"模式成为区域合作新模式。如上海交通大学（嘉兴）科技园、上海漕河泾新兴技术开发区海宁分区、上海张江平湖科技园等都是上海对浙江投资和两地产业技术及经济合作的重要形式。

> **专栏案例：安徽皖江城市带承接产业转移示范区的建立**
>
> 浙江省产业的高速发展对周围地区产生重大经济辐射带的作用，地区间产业转移项目持续增多。2010年安徽皖江城市带

承接产业转移示范区正式获得国务院批复，为中西部地区大规模承接产业转移提供了经验示范。2020年《安徽省实施长江三角洲区域一体化发展规划纲要行动计划》正式公布，安徽省积极承接上海非大都市核心功能疏解和苏浙产业转移，不仅带动了本省工业发展，缩短产业结构调整周期，还实现了承接产业的转型升级，有利于资源整合，提高本地区的竞争优势。安徽省广德市地处皖苏浙三省交界，全市规模以上工业企业已达到454家，其中90%来自苏浙沪，浙江企业占到一半以上。伴随着劳动力和资金的回流，同时为了降低产业成本，苏浙沪等地的部分产业向皖江城市带进行多次转移。另外，浙江省玉环市的原支柱产业汽摩零部件产业链，已有约80%转移到了安徽省芜湖市，形成新的产业集聚。目前芜湖市汽摩零配件产业集群已有150家的规模，年产值超过200亿元，并获得"国家汽车零部件出口加工基地"认证。

产业转移带来丰富就业机会和基础设施的同时，也带动了先进技术、管理经验、人才的流动。以安徽省承接长三角地区纺织服装产业转移为例，目前安徽省已形成以安庆为代表的纺织产业集群地，随着江浙产业转移和外出务工人员回流，安庆纺织服装产业有了非常成熟的产业工人队伍。"安徽纺织服装第一县""全国纺织服装产业基地县""长三角一体化纺织服装产业转移示范区"……这些称号标志着安庆市的望江、宿松等县域成为长三角乃至全国的纺织服装产业的后起之秀。其中，从浙江宁波招商引资而来的申洲针织有限公司，现已成为全省最大的服装生产出口企业和当地用工人数最多的企业。2022年华茂、红爱、申洲3家企业建成省级智能工厂，嘉欣、意茜瑞、怡盛、凯乐等6户企业建成省级数字化车间，进一步推动了皖江城市带纺织产业的智能化建设和现代化进程。

2. 浙江产业体系的跨国转移

相较于国内产业转移，浙江省产业体系的跨国转移主要以企业自我发展驱动的转移和国际特殊政策导致的转移为主，如获取市场、技术、资源以及中美经贸摩擦导致的加征税收等，转移目的地大多是东南亚地区。随着"一带一路"倡议实施和《区域全面经济伙伴关系协定》（RCEP）生效，浙江省能够更加有效地利用国内外两个市场、两种资源进行产业链全球布局，提升产业体系的国际化水平。

浙江企业向东南亚转移是浙江产业体系主动参与新的全球分工，在产业链供应链重构过程中练就掌控力的表现。从具体生产环节来看，浙江产业链向东南亚转移的并不是某些行业中的整个产业，而是该产业生产流程中对供应链需求较低、人工成本占比较高的环节，实际上是中国供应链的"溢出"。这种转移方式下，制造业企业将劳动密集型工序向低劳动成本国家转移，将技术密集型工序留在中国本部展开，在布局海外产能的同时，通过产能自动化提高国内生产效率，实现更快的国内市场响应速度，海内外产能互补，实现内外独立的双循环业务链。

表 5-7 总结了浙江省纺织行业上市公司向东南亚产能转移的情况。总体来看，浙江纺织企业前往东南亚建立新的生产基地，主要

表 5-7　浙江省纺织行业上市公司东南亚产能转移情况

公司及细分领域	具体情况
百隆东方 （色纺纱）	2012 年 11 月越南首期 10 万纱锭投产；2014 年 1 月二期 20 万锭投产；2015 年 4 月三期投产后总产能达 50 万锭；2017 年产能 50 万锭的越南百隆 B 区项目完全投产，目前越南分公司棉纱产能为 110 万锭，占公司全部产能的 60% 以上，营收/利润分别占总营收/总利润的 63.6%/68.5%。2022 年开工建设的 39 万锭产能项目预计两年分期达产，届时越南产能将达 150 万锭以上
健盛集团 （袜子、内衣）	2013 年开始布局越南生产基地，2018 年越南产能占比已达 37%，2019 年越南工厂棉袜产量占比已超过 50%，2020 年和 2021 年产量分别较上年同比增加超过 30%。其中，2021 年境外营收/利润分别占总营收/总利润的 86.78%/87.21%，公司海外产能占比将进一步提升

续表

公司及细分领域	具体情况
申洲国际 （成衣制造、针织）	2005年开始在柬埔寨尝试建厂，自2012年起，在东南亚布局扩张速度加快，于柬埔寨和越南分别投产多家面料厂和成衣厂。截至2021年，公司在东南亚（海外）面料产能和成衣产能占比分别为50%和40%，目前，柬埔寨和越南的海外工厂持续扩建，企业海外产能稳步推进
伟星股份 （纽扣、拉链等辅料）	2016年开始在海外自建产能，目前海外产能包括孟加拉国工厂一期、二期、三期，孟加拉国工厂一期已于2018年开始投入使用，海外产能逐渐释放。越南基地项目2022年动工建设，一期和二期工程预计分别于2024年和2026年竣工，投产后产销规模将大于孟加拉国工业园。年报显示，公司海外产能占比从2020年的8.73%上升到2021年的14.95%，海外产能布局加快
盛泰集团 （纺纱、面料、成衣全产业）	2012年开始布局海外生产基地，已形成一定海外生产规模。2012年收购越南新马针织，完善国内外成衣制造。2013年集团在越南成立3万锭棉纺厂，开拓上游产业链布局。2014年，在越南开设一家年产4500万米的高档色织面料和4000万吨高端针织面料的纺织厂；2018年收购越南面料厂大股东股权，实现在越南的全产业链布局；2019年集团成功并购罗马尼亚工厂
海利得 （涤纶）	2018年5月投资1.55亿美元在越南建成年产11万吨差别化涤纶工业长丝项目，于2021年全部投产，海外产能约占全部涤纶工业丝产能的30%。2022年7月海利得越南的注册资本由8000万美元增加至1.3亿美元

资料来源：上市公司重大事项披露和企业年报。

是看中当地的劳动力价格优势、欧美国家对柬埔寨等国的优惠关税政策和无贸易壁垒优势。从生产流程来看，纺织服装产能向东南亚地区转移的主要是纺纱和成衣制作。从流入地优势来看，东南亚劳动力成本优势突出，浙江企业向东南亚转移生产线，既可保持原有的成本优势维持对欧美市场出口，又可开拓当地市场，同时还为本土产业转型升级发展腾出空间，促使本土企业进入产业链、供应链的"高端环节、高端产业"。

二 浙江产业体系升级

浙江经济的辐射效应不仅带来浙江产业体系的转移，而且在产业转移中推动发展方式转变，实现产业体系的转型升级。一方面，浙江部分低端传统制造业或价值链中的加工制造环节的西扩东进为浙江发展生产性服务业和高端制造业腾出了空间，为浙江企业向价值链中高附加值环节发展提供了契机。另一方面，浙江全省域、全方位参与区域经济合作，坚持发挥优势、协同发展。伴随江苏、上海高新技术产业和现代服务业的发展和经济服务功能与辐射功能的强化，对浙江的产业产生强有力的"牵引效应"，带动浙江的产业发展与产业升级。此外，在"互补效应"下，基于不同城市产业的差异性和互补性，将浙江的制造优势和上海的人才和资本优势、江苏的研发优势以及安徽的劳动力资源有机结合，更好地发挥浙江省产业集群与创新优势，强化自己的比较优势产业，推动浙江产业链、创新链的升级迭代。近年来，浙江推进传统优势制造业转型升级，大力发展战略性新兴产业、现代服务业和先进制造业，积极构筑全国一流的产业集聚和发展平台，形成若干总量规模、创新能力、装备水平、市场份额位居全国前列的产业集群，为构建世界一流的产业体系新格局打下坚实基础。

1. 传统制造业产业升级，大力发展现代制造业

制造业是立国之本、强国之基，是国家经济命脉所系。浙江省工业增加值总量从1978年的全国第15位升至1994年的第4位并保持至今，1978—2020年以年均13.7%的速度增长，高出全国平均水平3.4个百分点；工业增加值占全国的比重从1978年的2.9%提高到2020年的7.2%。

作为制造业大省，传统制造业占据浙江实体经济的半壁江山。浙江省始终高度重视传统制造业改造提升工作，将传统制造业改造提升作为重点内容纳入省级产业发展规划和计划，积极推进传统制造业转型升级。浙江省政府先后发布《浙江省加快传统制造业改造提升行动计划（2018—2022年）》《浙江省建设国家传统制造业改造升级示范区实施方案》等，从顶层设计上统筹传统制造业转型升级

工作。在具体实践方面，浙江省一方面切实发挥企业主体作用，加快在技术创新、智能制造、质量品牌等方面取得新突破，促进产品升级、流程升级、功能升级，助力浙江产业从价值链中低端向中高端攀升。另一方面运用经济手段、法律手段和必要的行政手段，倒逼企业转型升级，加大激励力度，促进资源要素向产出效益高、创新能力强的企业集聚，优化存量资源配置，提高全要素生产率。通过多年努力，浙江省传统制造业在国际产业分工和价值链中的地位显著提升，发展质量、竞争能力、现代化水平走在全国前列，成为全国传统制造业转型升级示范区。

在推进传统制造业转型升级的同时，浙江省大力发展先进制造业和新兴产业，推进浙江经济高质量发展。自2019年以来，浙江省连续三年高规格召开全省制造业高质量发展大会，提出建设全球先进制造业基地、实施产业基础再造和产业链提升工程等扎实工作举措。编制《浙江省全球先进制造业基地建设"十四五"规划》《制造业产业基础再造和产业链提升工程行动方案（2020—2025年）》等系列规划计划，精准谋划打造十大标志性产业链，明确产业链提升目标路径。数据显示，"十三五"时期浙江省产业结构进一步优化。截至2021年，规模以上工业中，高技术、高新技术、装备制造、战略性新兴产业增加值占比分别提升至15.8%、62.6%、44.8%和33.3%，五年平均分别增长15.4%、10.4%、11.8%和12.1%，增速明显快于规模以上工业平均值。

2. 现代服务业发展加快，推进现代服务业与先进制造业融合发展

现代服务业是指以信息技术为核心发展起来的相对集约的服务业，具有高技术含量、高人力资本、高附加值、低资源依赖、低污染排放等特点，被称为经济发展的"绿色引擎"。多年来，浙江省高度重视现代服务业发展。在顶层设计上，浙江省出台《关于加快发展生产性服务业促进产业结构调整升级的实施意见》，提出要加快信息服务、研发、创意、融资、物流与供应链等生产性服务业发展，

引导企业向价值链高端发展，加快生产制造与信息技术服务融合，通过推进以互联网为代表的新一代信息技术跨界运用，加快推动产业数字化转型。在具体实践方面，浙江大力推进制造业与互联网融合创新，将互联网新基因注入传统优势产业、工业大县、特色小镇、产业集聚区等实体经济重点领域和重点区域，助力传统产业改造提升，同时，积极开展"十万企业上云"行动，形成了信息经济服务实体经济振兴的新模式、新路径，浙江省重点行业和典型企业的电子商务应用、装备数控化率等全国领先。

根据统计数据，2021年，浙江省规模以上服务业营业收入为26929亿元，五年平均增长21.3%。其中，科技服务业、高技术服务业营业收入分别为15310亿元和14217亿元，分别较2016年增长2.21倍和1.96倍。信息传输、软件和信息技术服务业五年平均增速最快，达到27.3%，占规模以上服务业的45.2%，较2016年提高5.0%，平均增速比规模以上服务业高6.0%。数字经济发展方面，2021年，全省数字经济核心产业规模以上企业7089家，较2016年净增加2349家。数字经济核心产业增加值突破8000亿元大关，按可比价计算较2020年增长13.3%，高于GDP增速4.8个百分点，2017—2021年，年均增长13.3%，高于同期GDP年均增速6.6个百分点。五年来，数字经济核心产业增加值占GDP的比重依次分别为9.5%、9.4%、10.0%、10.9%和11.4%，累计提高1.9个百分点。在数字技术应用方面，2020年，全省规模以上工业企业使用信息化进行购销存管理、生产制造管理和物流配送管理的普及率分别为65.0%、46.9%和17.3%，分别较2016年提高6.6、7.6和5.1个百分点，数字技术带动传统产业产出增长、效率提升，进一步发挥生产性服务业助力产业结构升级的作用。

三　构建产业体系新格局

产业兴则经济兴，产业强则经济强。近年来，浙江大力推进产业结构的调整优化升级，打好产业基础高级化和产业链现代化攻坚战，加快建设全球先进制造业基地，做优做强战略性新兴产业和未来产业，加快现代服务业发展，形成更高效率和更高质量的投入产出关系，逐步形成以高新技术产业为先导、先进制造业为主体、基础产业为支撑、服务业全面发展的产业格局。

在现代制造业产业体系构建方面，浙江省加快完善顶层设计，先后出台《浙江省全面改造提升传统制造业行动计划》《浙江省实施制造业产业基础再造和产业链提升工程行动方案（2020—2025年）》《浙江省全球先进制造业基地建设"十四五"规划》《关于全面加快科技创新推动高质量发展的若干意见》等文件，要求以数字化改革为引领，以"415"产业集群为关键"立柱"，坚持高端化数字化绿色化，加快构建现代制造体系，打造全球先进制造业基地，具体产业体系布局和产业集群发展规划分别见表5-8和表5-9。在具体实践中，浙江省将支持传统产业改造提升摆在科技工作更重要的位置，实施以自动化、机联网、厂联网、物联网为主要内容的"机器换人"现代化技术改造专项行动，应用先进设备提升企业智造水平，实现工艺和产品升级，搭建浙江制造的产业科技创新平台，培育有科技竞争力的传统产业集群、龙头企业，打造"互联网+"、生命健康、新材料三大科创高地，构建与全球先进制造业基地相匹配的产业基础和产业链体系。

表5-8　　　　　　　　浙江省"十四五"产业体系布局

十大标志性产业链	数字安防产业链、集成电路产业链、网络通信产业链、智能计算产业链、生物医药产业链、炼化一体化与新材料产业链、节能与新能源汽车产业链、智能装备产业链、智能家居产业链、现代纺织产业链
七大战略性新兴产业	新一代信息技术、生物技术、高端装备、新能源及智能汽车、绿色环保、航空航天、海洋装备
五大未来产业	第三代半导体、脑类型片、柔性电子、量子信息、物联网

浙江省锚定制造强省建设目标。根据《浙江省培育先进制造业集群行动计划》，依托数字经济和产业特色优势，着力打造绿色石化、数字安防、大湾区汽车制造、大湾区现代纺织四个世界级先进制造业集群。结合传统制造业改造提升，以数字化、绿色化、品质化、资本化、集群化转型为方向，在消费品制造、原材料制造、机械装备制造等传统优势领域，培育一批在国际国内具有影响力和话语权的特色优势制造业集群。聚焦数字经济、生物经济等新经济领域，加快培育航空航天、量子信息、柔性电子、前沿新材料等重量级未来产业，重点培育软件与集成电路、电子信息、高端装备、生物医药、节能环保、新能源、新材料等有较强影响力、竞争力、引领力的新兴制造业集群。到2035年，打造万亿世界级先进制造业集群，形成一批国家级先进制造业集群，集聚一批全球流的研究机构和创新人才、世界级"雄鹰企业"和一大批细分领域"隐形冠军"企业，成为全球数字安防、现代纺织、绿色石化、汽车等领域科技创新重要策源地和引领全国优势制造业转型升级的产业高地。实现在产业链创新能力、龙头企业竞争力、核心产品中高端市场占有率、协助配套水平等方面达到国际国内先进水平。

表5–9　　　　　　　　　　浙江省"415"产业集群

4个世界先进制造业集群	绿色石化、数字安防、大湾区汽车制造、大湾区现代纺织
15个优势制造业集群	软件与信息技术服务、智能电气、智能家电、生物医药、智能装备、光电通信、光伏新能源、特种材料、现代五金、先进基础件、高端橡塑、时尚文体、现代家居、智能电机、动力电池

同时，浙江省积极构造现代服务业体系。根据《浙江省现代服务业发展"十四五"规划》，在以后较长时间内，浙江省将在国内外拥有一定优势和地位的服务业领域，着力打造具有基础性战略性引领性作用的五大影响力服务业；聚焦对浙江省制造业发展有较强支撑作用且具有较大发展潜力的领域，培育壮大五大新兴服务业；以

激发消费潜力、提高人民生活满意度为导向,提升发展六大品质服务业,构建与现代产业体系相适应、结构优化、竞争力强的"556"服务业新体系,具体见表5-10。

表5-10　　　　　　　　浙江省"556"服务业体系

五大具有影响力的服务业	国际贸易、现代物流业、软件和信息服务业、科技服务业、现代金融业
五大新兴服务业	商务服务业、人力资源服务业、创意设计服务业、节能环保服务业、检验检测服务业
六大品质服务业	现代商贸业、文化服务业、休闲旅游业、健康服务业、教育培训服务业、居民服务业

专栏:浙江产业体系在推动对口支援、促进共同富裕中的作用

对口支援是促进区域协调发展和共同富裕的重要制度安排,产业支援作为其中的重要组成部分,既"输血",又"造血",是受援地发展的"加速器"和"新引擎"。多年来,浙江产业体系参与对口支援和东西部协作战略,并不是简单的产业转移、设备转移,而是把浙江的资本以及最先进的技术、管理和人才优势与当地优势资源相结合,推动欠发达地区产业的跨越式迈进。

产业是地方经济发展的支柱和命脉,没有产业的支撑就没有经济的发展。在对口支援上,浙江立足受援地实际,科学安排产业支边项目,推动产业对口支援实现从输血到造血转变。以浙江援疆为例,在农业产业方面,浙江打造了"十城百店、百村千厂、万亩亿元"等一批聚焦脱贫攻坚的援疆项目,建强

补齐农产品产业链短板，帮助受援地培育形成特色优势产业，助力受援地农民增收致富和农业产业化发展。在工业产业方面，浙江省加大产业支援和招商引资力度，积极引进优势产业和优质项目。据不完全统计，目前在新疆各地投资兴业的浙商有 26 万多人，累计投资超 5000 亿元。2020—2022 年，浙江援疆工程累计招引项目 400 多个、投资额达 300 多亿元，桐昆产业园、万舟纺织、友联印染等浙江龙头企业在阿克苏增资扩产，浙江等地的纺织服装企业"组团式"产业转移，为当地构建了从棉花种植、加工、交易到色纺纱生产的高附加值供应链体系。其中，阿克苏纺织工业城累计引进纺织服装企业 108 家，形成 368 万锭纺纱、7800 多台织机、4000 万件（套）服装家纺的产能，吸纳产业工人 5.4 万人，成为集纺纱、织布、印染、制衣为一体的纺织服装产业集聚区。浙江桐昆控股集团 2020 年在新疆总投资 110 亿元建设阿拉尔桐昆纺织园项目，建成达产后将形成百亿投资、百亿产出、万人就业的生产规模，也能带动下游纺织企业的项目招引，为本地居民收入增长和产业调整作出贡献。

另外，在其他对口援助地区，浙江充分发挥浙商群体的产业优势、市场优势、技术优势、资本优势，积极引导民营企业深度参与产业帮扶，投身对口支援。在四川，2019—2022 年，浙江省共组织 1500 多家浙商企业到对口帮扶地区投资兴业，合作建立"海盐—屏山纺织产业协作示范园""南浔—广安东西部扶贫协作产业园""浙江—乐山扶贫协作产业园""北仑—汪清产业孵化园"等多个对口地区扶贫协作产业园，成为当地经济发展的重要引擎。在西藏，"十三五"时期浙江安排对口支援资金 4.26 亿元专项支持那曲发展特色优势产业，合计实施产业项目 24 个，包括浙江援藏那曲—拉萨"飞地"产业园，那曲色尼区的浙江省援藏乡村振兴产业示范基地暨百亩连栋智能温室项目、

> 嘉黎县藏药厂升级改造项目、民俗手工产业园等重点工程，发展高原特色农产品精深加工业、服装智造业、生命康养业、数字经济等重点产业，推动产业援藏从"输血"向"造血"转变。在青海，浙江省探索产业"强基筑底"扶持模式，投入资金3500万元全力支持柴达木浙江工业园建设，并引进28家浙商企业入驻，培育新能源、新材料、装备制造等新兴产业；在海西州建立千万千瓦级新能源示范基地、风光储多能互补清洁能源基地，共同推动青海第二条特高压新能源外送通道的规划和建设。

第四节 发挥产业体系辐射效应的政策建议

一 优化产业链

首先，以发挥比较优势为基础，强化垂直分工，提升产业链韧性。浙江省在将部分劳动特别密集的生产工序和中间环节向中西部尤其是邻近省份转移的同时，要培育一批与浙江省内的母产业集群对接，形成具有垂直分工和配套生产协作体系的生产和加工基地，逐步形成研发制造与加工配套之间的跨省区的分工协作体系。

其次，以自主可控、安全高效为导向，组建区域内全产业链联盟。积极拓展"长三角先进制造业产业地图"覆盖范围，厘清并编制重点制造业全产业链的链条图、区域分布图、重点企业图和产品品牌图，引导各地结合自身禀赋条件和产业发展基础，确定在产业链中的定位和主攻领域，充分发挥比较优势，深化纵向合作，建设稳定的前后向供应链关系，打造具有战略性和全局性的完整产业链，组建全产业链联盟，以龙头企业为引领，深入实施产业链"补链、强链、固链"行动、制造业产业基础再造和产业链提升工程，保障区域内重点产业链的完整性，变"同业竞争"为"协作共赢"，提升制造业抗风险能力。

最后，推进先进制造业和现代服务业深度融合，引导形成"中心城市发展服务业、外围城市发展制造业"的区域分工格局。把握制造业由单一生产型向"生产+服务"型转变趋势，推动制造业上游产业链由向前延伸拓展到技术研发、产品定制、成果转化等环节，下游产业链向后延伸发展到信息服务、智慧城市、电子商务等现代服务业，以高技术含量、高附加值创新性生产服务提升全产业链竞争力。进一步优化生产性服务业供给，大力发展服务型制造，支持研发、设计、采购分销、运营管理、售后服务等环节专业、高端化发展，积极推动终端产品专业化制造。

二 升级供应链

首先，加快培育产业供应链平台，加快重点产业供应链体系建设。基于浙江省传统优势产业、战略性新兴产业，引导供应链关键环节为切入点，依托集群龙头企业、重点平台、重点园区、商品市场等，整合资本、技术、人才和政策等，着力扶持一批跨企业、跨区域、跨行业的产业供应链数字化协同平台。依托工业互联网平台体系建设，打造一批数据多源集成、服务全链共享、跨域资源协同的特色行业供应链协同平台，提升产业集群的资源配置能力和市场竞争力。加大对供应链管理和技术创新扶持力度，带动重点产业供应链组织方式、商业模式创新，加速形成高效协同、竞争力强的现代产业供应链体系。

其次，实施供应链全球化升级行动，优化布局境外供应链网络，加快完善进口供应链体系。聚焦国家"一带一路"倡议，大力推进境外系列站建设，推动境外经贸合作区、物流配送中心、分销服务网络、海外仓等布局推动国际物流全球化布局，加快融入国际物流供应链体系；加快培育壮大具有国际竞争力的国际物流供应链企业，深化全球港口投资布局和运营模式输出，构建互联互通的境外供应链网络，打造供应链全球化支持体系。推动构建有影响力、话语权的浙商国际贸易供应链体系，积极发展重点进口龙头企业、加工企业和供应链服务企业，完善进口商品交易、仓储物流、渠道分销、金融服务体系，加快打造进口贸易便利化先行区，培育壮大一批进口交易平台、展贸平台、供应链平台和促进服务平台，将浙江打造成为进口商品国内大循环的战略节点。

最后，实施供应链安全强基行动，加强产业供应链安全管理。探索建立跨区域、跨部门、跨行业的信息沟通、设施联通、物流畅通、资金融通、人员流通、政务联动等协同机制，建立基于事件的重点产业和基本消费供应链预警体系和应急处置预案，研究制定产业供应链安全评估标准，引导重点产业龙头骨干企业加强供应链安全评估，厘清供应链关键节点、重要设施和主要供应商等情况及地域分布，排查供应链风险点，优化产业供应链布局。支持供应链企业制定和实施多元化发展战略，着力引导优势产业供应链核心企业在网络布局、流程管控、物流保障、应急储备、技术和人员管理等方面增强供应链弹性，建立供应链风险预警系统，提升风险防范和抵御能力，带动供应链全链条安全、稳定、可持续发展。

三 提升价值链

首先，补齐产业基础的"短板"，提升产业基础能力。提高工业"四基"能力，完善产业发展的国家质量基础设施（计量、标准和检验检测等）、配套能力、硬软件基础设施和制度环境等，通过产业基础再造工程进一步强化相关产业基础，进而提高产业高级化和合理化水平。同时，抢抓信息化时代的巨大机遇，全面强化以工业软件、数据库、操作系统、物联网和人工智能等为核心内容的现代信息产业的基础能力，以促进高新技术、战略性新兴产业快速发展，推进互联网、大数据、人工智能和实体经济深度融合，支撑产业的数字化、网络化、智能化的发展,最终促进传统经济体系转向现代化经济体系。

其次,区分不同路径加大研发投入,培育核心技术。不断培育产业基础能力,使得更多中小企业成长为"隐形冠军",从而进一步强化中国产业在全球价值链中的治理能力,促进产业链现代化水平提升。针对投入巨大、技术难度高、市场主体单独难以攻克的重大的、战略性、基础性技术问题,发挥集中力量办大事的制度优势和政治优势。

最后,加大人力资本投资,强化数字人才培养,进行学科专业调整,并适度扩大招生规模。同时,进一步增加对职业技能型数字化专业人才培训的投入,以持续提升和优化数字化人力资本质量和结构。加速数字技术在弱数字化服务业部门的推广应用,最大限度发挥数字技术对传统服务业向数字化转型升级和国际分工地位提升的促进作用,针对运输、旅游、餐饮、建筑等传统服务业的数字化转型,给予力度更大的金融和财税优惠支持。

四 建立统一市场

加快推动统一要素市场建设,打破行政壁垒,建立区域统一市场体系,破除各类要素和商品流动限制,降低产业政策的扭曲作用。加快推动土地要素市场化配置综合改革,用好跨省补充耕地国家统筹机制,探索增减挂钩和增存挂钩的节余指标在长三角三省一市范围内调剂,确保重点项目顺利落地。探索产业项目转移时附带建设用地指标、碳排放和能耗总量指标,破解计划指标管理对产业项目转移承接的限制。加强人力资源协作,实行专业技术任职资格、继续教育证书等互认互准制度,打破劳动力流动壁垒,推广"星期天工程师"等弹性引才模式,促进产业工人及高层次技术人才在长三角地区有效流动和优化配置。依托长三角资本市场服务基地,加强各类资本市场分工协作,促进资本跨区域有序自由流动,联合设立长三角制造业转型升级投资资金，支持更多的长三角先进制造业企业在科创板上市。

建设长三角政产学研协同创新体系。一是有效增强上海和江苏的金融、科技辐射带动力。以《长三角科技创新共同体建设发展规划》中提出的推动长三角科技创新共同体建设为重要抓手，以国家重大需求为牵引，以主要产业链及主要产品的技术短板、创新需求为方向，以"科创+产业"为引领，充分发挥上海科技创新中心龙头带动作用，强化苏浙皖创新优势，优化区域创新布局和协同创新生态，深化科技体制改革和创新开放合作，着力提升区域协同创新能力，打造全国原始创新高地和高精尖产业承载区，努力建成具有全球影响力的长三角科技创新共同体。二是强化上海对长三角地区创新协同带动作用，以苏浙为核心组建基于制造业产业链的长三角产业技术创新联盟，带动三省一市在产业关键技术研发和转化应用方面实行深度合作与联合攻关，加强科技资源和科技服务的共享，搭建公共资源共享平台，促进创新要素在区域间的科学配置，推动长三角地区科技创新力量的壮大和发展。

积极促进政产学研深入合作。长三角地区利用自身创新优势，加大科研资金投入，积极布局基础研究，强化原始创新，组建国家实验室，重组国家重点实验室体系，重点解决产业链发展中的"卡脖子"技术，有效推进产业链的高端化。针对企业创新主体力量相对单薄等问题，政府要出台相关政策，引导、扶持、鼓励"链主"企业积极与地区高校、科研院所建立长期稳定的技术合作关系或自建技术开发中心和中试基地，鼓励有实力的企业设立博士后科研工作站，并将企业博士后科研工作站作为产业界和学术界相互联系的纽带，组建产学研合作联盟或机构，充分发挥政产学研各自的优势与作用，共同创建长三角知识生态，有效实现科技、制造和行政的统一，促进长三角科技创新能力体系化发展，有力推进长三角产业链优化升级。

附表：

附表 1　浙江省自贸区和国际产业合作园基本情况

名称	主要产业链和发展现状
中国（浙江）自贸试验区	试验区聚焦油气全产业链，目前已建立国际油气交易中心、国际油气储运基地、国际石化产业基地、国际海事服务基地和以油气为核心的大宗商品跨境贸易人民币国际化示范区。截至2021年，自贸试验区聚集油气企业7500余家，是全国油气企业最聚集的地区；油气等大宗商品贸易交易额累计突破1.7万亿元，保税油年供应量突破472万吨，是全国第一、全球第八大加油港；油品储存规模达到3230万立方，是全球最大的石油战略储备基地
浙江中美（湖州）产业合作园	合作园按照"一中心两基地（南太湖科创中心、生物医药产业基地、新能源汽车产业基地）"开展布局，布局了新能源汽车及关键零部件产业链和生物医药产业链
浙江中韩（吴兴）产业合作园	合作园形成以化妆品生产为主导的全产业链，设立化妆品检测中心，建成集化妆品检测、研发、认证、咨询、成果转换等服务于一体的专业检测中心
浙江中捷（宁波）产业合作园	合作园集聚形成了家电、汽配、化纤、机械制造、金属加工等多门类优势产业集群，现有3000多家企业。目前形成以高新材料产业和高新机电产业为主导产业、以生产性服务业和生活性服务业为支撑产业，以生物制药、环保技术以及水晶、啤酒等中东欧特色产品制造等为特色产业的"一带一路"国际区域合作示范平台
浙江中以（余杭）产业合作园	合作园已形成健康医疗、智能装备制造、家纺服装布艺等多个产业集群，拥有规模以上企业近300家，高新技术企业近100家，培育上市企业20多家
浙江中捷（浦江）产业合作园	合作园已形成以先进制造、生产性服务、文化创意、休闲旅游四大产业为主导的产业集群，拥有企业400余家
浙江中德（台州）产业合作园	合作园已形成以汽车整车及零部件、生物医药、高端装备制造为主导产业的集群产业区。现有主板上市企业10家
浙江中澳（舟山）产业合作园	合作园以肉牛精深加工、绿色食品产业和文化旅游产业为主导产业，积极开展农产品食品进口原料加工与贸易服务，总投资超100亿元

续表

名称	主要产业链和发展现状
浙江中丹（上虞）产业合作园	合作园以机械装备、精细化工、轻工纺织、照明电器、新能源新材料五大产业为主导产业，建设中丹创新科技公园和中丹生态产业基地，目前已导入丹麦及北欧节能环保装备制造和绿色建材产业链
浙江中韩（衢州）产业合作园	合作园以新能源、新材料、动力电池、电子信息、食品饮料、现代服务业等为主导产业。目前已引进了多个高端产业类项目，总投资超200亿元
浙江中法（海盐）产业合作园	合作园以清洁能源、核电技术和装备为主导产业，建立以欧美外资制造型为牵引，以技术创新为龙头，集生产加工、研发服务营销、孵化、投资融资功能于一体的工业综合体，已引进产业项目十余个，完成合同外资超3亿美元
浙江中日（平湖）产业合作园	合作园以精密机械仪器制造为主导产业，已建立光机电、生物技术、综合工业、中心商贸区4个合作园，入驻日资企业近80家，计划总投资超20亿元
浙江中荷（嘉善）产业合作园	合作园以智能制造、工业旅游、贸易三大产业为主导产业，建立多个区域模块的产业格局，已引进外资项目20余个，投资超30亿美元
浙江中德（嘉兴）产业合作园	合作园已形成以高端（精密）机械设备、汽车关键零部件、电子信息产品制造业和生产性服务业为中心的"3+1"产业格局，累计引进德资企业制造业项目十余个，总投资超50亿元，工业总产值超50亿元
浙江中德（长兴）产业合作园	合作园以新能源汽车及关键零部件、机械装备制造、家用电器和生产性服务业为主导产业，总投资2亿元，引进外资项目20余个
温州韩国产业园	产业园以时尚产业、大健康、电子信息、汽车制造四大产业为主导产业，重点发展汽车（整车、关键零部件）、高端装备、电子信息等先进制造业，目前已投入基础设施建设资金超50亿元
中意宁波生态园	生态园已形成以通用航空、节能环保、新材料及新能源、生命健康四大产业为主导的产业集群，目前总投资近60亿元，累计签约内资项目90余个，外资项目近20个
宁波北欧工业园	工业园已形成以高端装备机械、高档汽车部件、节能电源、石油设备、海洋勘探平台等高端产业为主导，以研发、电子商务、科技孵化等新型业态为辅助的产业格局

续表

名称	主要产业链和发展现状
浙江中瑞（萧山）产业合作园	合作园已形成以高端装备、电子通信、关键零部件、医药化工等产业为支柱的产业集群，目前总投资超6亿元，投资项目近400个
新加坡杭州科技园	科技园已形成以软件研发、生物制药和工业设计三大产业为主体的综合科技园区，同时发展文化创意、健康医疗、生物科技和人工智能等主导产业，目前总投资超40亿元
舟山航空产业园	产业园发展整机制造、大部件与系统集成、零部件制造、附属制造、运营保障、现代服务六大产业，打造具有完整产业链和业态的航空产业园

附表2　　浙江省经贸合作区基本情况

名称	重点产业链与发展情况
浙江澳门（安吉）经贸合作区	合作区构建了"1+5+6"目标体系［高规格搭建浙澳（安吉）高质量合作机制、高标准构筑"一园四区"开放合作大平台、"五个自由便利"和数据安全"有序流动"］，贸易总额近60亿美元
浙台（苍南）经贸合作区	合作区已形成以休闲观光农业、商贸服务、健检养照、生命健康等台湾地区优势产业为主导的产业集群格局，目前已引进台资企业60余家，总投资近6亿美元
浙台（舟山普陀）经贸合作区	合作区已构建油气全产业链，成为全球重要的低硫油加注基地，谋划布局LNG加注基地
浙台（玉环）经贸合作区	形成以农渔业、工业制造业和服务业三大产业为主导的产业格局，总投资80余亿元
浙台（象山）经贸合作区	形成临港装备、现代渔业、绿色能源等产业为主导的现代化综合型渔港经济区

附表3　　浙江省海关特殊监管区基本情况

名称	重点产业链与发展情况
嘉兴综合保税区B区	初步形成电子信息、光通信和保税贸易三大主导产业。目前全区累计完成工业生产性投资超100亿元，规模以上工业产值超390亿元，进出区货物总值150亿美元，实际利用外资超11亿美元

续表

名称	重点产业链与发展情况
杭州综合保税区	形成笔记本电脑、汽车配件、家用电器为主导,保税加工、加工制造、保税物流、跨境电商为依托的全产业链格局。目前聚集中外企业超150家,累计实现工业总产值1945亿元、进出口总值3035亿元。跨境电商进出口对接全球几十个国家的贸易商和海外仓
舟山港综合保税区	形成服务基础产业、保税仓储物流、保障资源配置能力、推进大宗商品的集散分拨的完整产业链。目前企业总数近2万家,年贸易额达到超4000亿元
义乌综合保税区	重点发展现代物流业、先进制造业、战略性新兴产业、新型保税服务业等行业项目,目前已建成保税物流、保税展贸、保税加工、保税研发、保税服务和口岸作业六大功能区,助力义乌市场转型升级
温州综合保税区	结合温州"5+5"产业体系,打造了加工制造、销售服务、物流分拨为主,研发设计和检测维修为辅的五大功能中心的产业链
绍兴综合保税区	立足于绍兴滨海新区集成电路、生物医药两大"万亩千亿"产业平台,集聚发展外向型加工制造、研发设计、检测维修、物流分拨、销售服务等产业,并探索发展跨境电商、融资租赁、城市货站等新业态
金义综合保税区	大力培育壮大保税仓储、保税加工、保税冷链、大宗商品等业态,2018—2020年累计完成进出口额54.3亿美元
嘉兴综合保税区A区	形成以加工制造、研发设计、物流分拨、检测维修、销售服务五大业务为主体的完整产业链。建设跨境电商监管自动化平台、区内跨境电商运营中心、区外国际进口商品展示交易中心,目前共有注册企业100多家,实现进出口总值近100亿元
宁波梅山保税港区	形成整车进口、进口肉类查验平台、活体植物等特定口岸高效运营、大宗商品贸易服务的海运国际的中转集拼产业链
宁波保税区 (北仑港综合保税区)	已形成国际贸易、加工制造、保税物流、数字四大功能产业,目前已集聚各类企业主体近万家,实现年生产总值超200亿元,外贸进出口达1252.1亿元;跨境电商进口销售额208.2亿元
宁波前湾综合保税区	形成以跨境电商为主的产业集群,目前外贸、物流企业23家,累计总投资34亿元,跨境电商进出口交易额超12亿美元
慈溪出口加工区	发展以有色金属、塑化原料、纺织原料为重点品种的进口工业原材料的加工制造、保税物流业务,目前进出口总额超5亿美元

附表 4　　浙江省境外经贸合作区基本情况

名称	重点产业链与发展情况
泰中罗勇工业园	为中国传统优势产业在泰国的产业集群中心与制造出口基地，是集制造、仓储、物流和商业生活区为一体的现代化综合园区。截至2020年，园区企业数量150多家，泰籍员工3万余人，总投资40亿美元、累计工业产值超160亿美元
文莱大摩拉岛石油炼化工业园区	充分利用当地的油气资源，发展炼油和化工品下游产业链，目前累计总投资超120亿美元，有82家文莱本地企业驻岛为园区提供配套服务
印尼纬达贝工业园区	为利用矿物生产、加工电动车辆电池原材料的综合性工业区。目前已投产的三家镍企可年产10万吨镍金属
越南龙江工业园	为电子、电气类产品、机械、木制品、轻工业、建材、食品、生物制药业、农林产品加工、橡胶、包装、化妆品、纸业、新材料、人造纤维等综合产业工业园。目前入园企业35家，全部投产后年产值达30亿美元
乌兹别克斯坦鹏盛工业园	依托乌兹别克斯坦的优势资源，利用中国成熟的技术和民间资本生产瓷砖、制革、制鞋、水龙头阀门、卫浴、宠物食品和肠衣制品等，目前累计投资约1亿元
北美华富山工业园	重点吸引汽车汽配、家电、机械设备、电子电器、家具、新能源新材料等产业集聚，目前入驻企业10家左右，计带动投资额将达20亿美元
杭州硅谷协同创新中心	通过与美国业界领袖、前沿企业、专业机构、知识产权的管理转化引进和同院校科研机构的横向合作，建立前沿技术服务体系、国际化创新创业生态系统。目前入驻企业、机构20余家，助力创业团队获融资超4800万美元
百隆（越南）纺织园区	是以百隆（越南）有限公司为主体的大型专业型产业园区，以白纱、色纺纱、筒染纱的生产为主要业务，投资总额7亿美元
塞尔维亚贝尔麦克商贸物流园区	以浙江产品展示中心、商贸批零市场、保税仓储和物流服务为主要产业。实际投资额超3000万美元，已入驻中外企业140多家，年贸易额3亿美元
捷克（浙江）经贸合作区	为具有服务中心、贸易中转、物流中枢功能，涵盖物流、商贸、加工制造、综合服务等区块的开放综合体。总投资约2.2亿美元，目前入驻企业30多家
乌兹别克斯坦农林科技产业园	以蔬菜、水果、花卉等经济作物种植、配套养殖基地建设与出口为主导产业，总投资超过1.2亿美元
中柬国际农业合作示范园区	旨在帮助柬埔寨打造现代农业，促进和完善当地从农业生产到农产品加工、仓储物流、国际商贸等全产业链的建设发展，投资额超过2亿元人民币

续表

名称	重点产业链与发展情况
浙江海亮股份有限公司（美国）工业园区	着力于优质铜产品、导体新材料、铝基新材料的研发、生产、销售和服务，目前累计投资1.16亿美元，入驻企业9家
贝宁中国经济贸易发展中心	以"常年展+海外仓"的模式，将国内厂家的展厅直接搬到贝宁供当地商人选购洽谈，目前累计为300多家企业提供服务，成交额达3.2亿元人民币
俄罗斯乌苏里斯克经贸合作区	重点发展轻工、机电（家电、电子）、木业等产业，主要生产国内优势产业的制鞋、服装、皮具、家电、电子、家居、建材、食品、汽配等产品，目前总投资20亿元人民币，入驻近40家企业
华立柬埔寨农业园	采用"自营+平台"模式，在柬埔寨打造精品的中资海外现代化农业园区，目前已吸引超过160家制造业企业集聚，带动中国对泰投资超40亿美元
印尼OBI产业园	与印尼本土公司共同开发当地镍矿资源建设大型冶炼工程。承担湿法、火法近15万吨镍产品冶炼项目的设计、核心设备供货和技术服务，目前湿法工程和火法工程均已投产
迪拜义乌中国小商品城	为集商品展示、采购洽谈区于一体，保税仓库为主体产业的商品销售园，总投资约10.6亿元人民币

附表5　浙江省国家级经济技术开发区重点产业链发展状况

国家级开发区	重点产业链与发展情况
宁波大榭开发区	建成炼化一体化、轻烃综合利用、化工新材料3个石化产业簇群，其中2019年生产总值382.8亿元，实现能源化工品限额以上商品销售额2072.6亿元
衢州智造新城	已形成产业链完备的氟硅新材料、锂电新材料、电子化学材料、特色轻工、智能装备制造、芯片及传感器、生物医药与大健康7大产业集群；目前已集聚重点企业1000多家，2020年实现规模以上工业总产值976.7亿元
绍兴袍江经济技术开发区	聚焦集成电路、生物医药、智能制造、现代服务业四大主导产业，2020年实现地区生产总值1043亿元，规模以上工业总产值1372.93亿元，进出口总额613亿元，实际利用外资14272万美元
杭州钱塘区	以半导体、生命健康、智能汽车及智能装备、航空航天、新材料五大先进制造业产业为主导，超前布局未来产业，发展研发检测、电子商务、科技金融、软件信息、文化旅游五大现代服务业的"515"现代产业发展体系。截至2020年，累计批准设立外商投资企业1400余家，总投资超700亿美元

续表

国家级开发区	重点产业链与发展情况
杭州余杭经济技术开发区	形成以高端装备制造和生物医药两大特色产业为主导、家纺布艺产业提升发展的"2+1"特色产业体系，截至2020年实现规模以上工业总产值810.40亿元，自营出口112.92亿元
嘉善经济技术开发区	形成集成电路（芯片）产业、新能源（氢能源）产业和生命健康产业三大主导产业集群，截至2020年，数字经济核心产业制造业投资11.97亿元，完成合同利用外资3.06亿美元，实际利用外资2.59亿美元
长兴经济技术开发区	形成以智能汽车及关键零部件产业、智能装备制造产业、生物医药（大健康）和金融新业态为主的"3+1"产业集群
丽水经济技术开发区	形成以半导体全链条、精密制造、健康医药、时尚产业、数字经济为核心的五大产业集群。截至2020年，全区实有企业15949家，高新技术企业206家，规模以上企业507家
宁波杭州湾经济技术开发区	形成以汽车整车及关键零部件制造、高性能新材料、高端装备、智能电器、生命健康等为主的产业集群，其中汽车产业已成为首个千亿级主导产业。全区注册企业超12万家，其中高新技术企业476家
温州经济技术开发区	培育发展汽车、高端装备制造、电子信息、现代物流等主导产业及新能源新材料、生物健康等新兴产业和时尚特色产业，汽车和装备制造两大产业已形成产值超百亿的产业集群。现有工业企业超5000家
湖州经济技术开发区	形成以新能源汽车及关键零部件、数字经济核心产业、生命健康三大先进制造业和休闲旅游为引领的"3+1"主导产业集群
宁波石化经济技术开发区	推动镇海炼化建设世界一流炼化集群；推动中金石化形成千亿级源头集群。做大高端聚烯烃产业链；做强芳烃下游产品产业链；做优C5/C9综合利用产业链。目前拥有规模以上工业企业超过100家
绍兴柯桥经济技术开发区	围绕柯桥区"5+3+4"现代产业体系建设，紧扣"一手抓传统产业改造提升，一手抓新兴动能培育壮大"，进一步做大规模，跃升能级，实现多个千亿级产业园
杭州湾上虞经开区	集聚配套产业创新发展的生产性服务业，大力发展先进新材料、现代医药、高端装备制造、电子信息等主导产业集群
嘉兴经济技术开发区	培育壮大高端装备制造、健康食品、智能制造、汽车零部件、数字经济等产业集群，构建先进制造业、现代服务业高质量发展的现代产业体系

续表

国家级开发区	重点产业链与发展情况
萧山经济技术开发区	聚力攻坚新一代信息技术、机器人及人工智能、生物经济等领域，大力发展先进装备制造、新能源汽车、新材料、健康医疗等优势产业，全力构建以数字经济为核心的现代产业体系，全区注册企业1万余家
金华经济技术开发区	形成高端装备制造、大健康、数字经济三大主导产业，截至2020年，有"四上"企业629家、工业企业1500多家、高新技术企业261家（国家级94家）、省级以上研发中心57家
宁波经济技术开发区	坚持以平台聚产业、以产业带集群，全力打造全球先进制造业基地示范样板，着力推进"三城三平台"建设，有规模以上工业企业800余家
富阳经济技术开发区	形成网络通信、智能装备、生物医药三条标志性产业链，全方位嵌入全省、全国、全球产业链供应链，推进产业基础高级化和产业链价值链提升，截至2020年，拥有规模以上工业企业441家，上市企业5家
平湖经济技术开发区	形成数字经济、智能装备制造与汽车零部件三大主导产业，截至2020年，实有企业1300余家，高新技术企业110家，规模以上企业238家
义乌经济技术开发区	打造新能源光伏、汽车及装备制造和半导体发光三大标志性主导产业集群
台州湾经济技术开发区	已形成"中间体—原料药—制剂"完整产业链，在多个领域药物的研发和生产上能力突出

参考文献

一 中文文献

（一）著作

习近平：《高举中国特色社会主义伟大旗帜　为全面建设社会主义现代化国家而团结奋斗——在中国共产党第二十次全国代表大会上的报告》，人民出版社2022年版，第29页。

习近平：《之江新语》，浙江人民出版社2007年版。

本书编写组编著：《干在实处　勇立潮头：习近平浙江足迹》，人民出版社、浙江人民出版社2022年版，第45页。

刘伟主笔：《工业化进程中的产业结构研究》，知识产权出版社2020年版，第135页。

[美]迈克尔·波特：《国家竞争优势》，李明轩、邱如美译，华夏出版社2002年版，第148页。

孙洛平、孙海琳：《产业集聚的交易费用理论》，中国社会科学出版社2006年版。

[英]亚当·斯密：《国富论》，孙善春、李春长译，中国华侨出版社2011年版，第10页。

[美]约瑟夫·熊彼特：《经济发展理论》，王永胜译，立信会计出版社2017年版，第63页。

赵江林等：《马克思主义工业化理论及其在亚洲的实践》，中国社会科学出版社 2016 年版，第 122 页。

（二）期刊

蔡武、吴国兵、朱荃：《集聚空间外部性、城乡劳动力流动对收入差距的影响》，《产业经济研究》2013 年第 2 期。

蔡跃洲、马文君：《数据要素对高质量发展影响与数据流动制约》，《数量经济技术经济研究》2021 年第 3 期。

陈建军、胡晨光：《产业集聚的集聚效应——以长江三角洲次区域为例的理论和实证分析》，《管理世界》2008 年第 6 期。

陈丽芬：《内贸流通在新型城镇化中的功能作用及促进措施》，《中国流通经济》2015 年第 6 期。

池仁勇：《区域中小企业创新网络形成、结构属性与功能提升：浙江省实证考察》，《管理世界》2005 年第 10 期。

都阳、贾朋、程杰：《劳动力市场结构变迁、工作任务与技能需求》，《劳动经济研究》2017 年第 3 期。

范剑勇、高人元、张雁：《空间效率与区域协调发展战略选择》，《世界经济》2010 年第 2 期。

范剑勇、谢强强：《地区间产业分布的本地市场效应及其对区域协调发展的启示》，《经济研究》2010 年第 4 期。

方福前、田鸽：《数字经济促进了包容性增长吗——基于"宽带中国"的准自然实验》，《学术界》2021 年第 10 期。

贺聪、尤瑞章：《中国不同所有制工业企业生产效率比较研究》，《数量经济技术经济研究》2008 年第 8 期。

胡鞍钢、周绍杰：《新的全球贫富差距：日益扩大的"数字鸿沟"》，《中国社会科学》2002 年第 3 期。

胡伦、陆迁：《贫困地区农户互联网信息技术使用的增收效应》，《改革》2019 年第 2 期。

黄群慧：《浅论建设现代化经济体系》，《经济与管理》2018 年第 1 期。

黄勇:《浙江"块状经济"模式的作用及其经验》,《宏观经济研究》1999年第5期。

江小涓:《高度联通社会中的资源重组与服务业增长》,《经济研究》2017年第3期。

康伊:《产业集群与城乡收入差距的变动研究》,《中国科技产业》2006年第5期。

李宏兵、蔡宏波、徐慧慧:《外资进入、服务业集聚与企业工资差距——基于调节机制和微观企业数据的实证研究》,《国际贸易问题》2017年第7期。

林小燕:《集群视角下的城乡统筹发展:以浙江省为例》,《农业经济》2010年第4期。

刘瑞明、赵仁杰:《国家高新区推动了地区经济发展吗?——基于双重差分方法的验证》,《管理世界》2015年第8期。

刘晓倩、韩青:《农村居民互联网使用对收入的影响及其机理——基于中国家庭追踪调查(CFPS)数据》,《农业技术经济》2018年第9期。

刘修岩、殷醒民、贺小海:《市场潜能与制造业空间集聚:基于中国地级城市面板数据的经验研究》,《世界经济》2007年第11期。

鲁桐:《中国经济新的增长点:中小企业的发展》,《世界经济与政治》1999年第3期。

罗勇、曹丽莉:《中国制造业集聚程度变动趋势实证研究》,《统计研究》2005年第8期。

罗勇、王亚、范祚军:《异质型人力资本、地区专业化与收入差距——基于新经济地理学视角》,《中国工业经济》2013年第2期。

吕政、张克俊:《国家高新区阶段转换的界面障碍及破解思路》,《中国工业经济》2006年第2期。

吕文栋、朱华晟:《浙江产业集群的动力机制——基于企业家的视角》,《中国工业经济》2005年第4期。

马刚:《产业集群演进机制和竞争优势研究述评》,《科学学研究》2005年第2期。

沈正平、刘海军、蒋涛:《产业集群与区域经济发展探究》,《中国软科学》2004年第2期。

王会龙:《城乡统筹下浙江省农村家庭工业集约化发展探析》,《经济研究导刊》2011年第33期。

王缉慈:《关于中国产业集群研究的若干概念辨析》,《地理学报》2004年第S1期。

王晓东、谢莉娟:《论流通产业结构调整与就业增长——基于中部地区流通业对就业吸纳的贡献分析》,《财贸经济》2010年第2期。

王晓娟:《知识网络与集群企业创新绩效——浙江黄岩模具产业集群的实证研究》,《科学学研究》2008年第4期。

魏后凯:《对产业集群与竞争力关系的考察》,《经济管理》2003年第6期。

魏后凯、王颂吉《中国"过度去工业化"现象剖析与理论反思》,《中国工业经济》2019年第1期。

吴利学:《产业结构、生产率与经济增长》,《产业经济评论》2021年第6期。

吴勤堂:《产业集群与区域经济发展耦合机理分析》,《管理世界》2004年第2期。

相天东:《农村金融供给侧改革对城乡收入差距门槛效应的实证研究》,《河南师范大学学报》(哲学社会科学版)2017年第6期。

谢呈阳、胡汉辉、周海波:《新型城镇化背景下"产城融合"的内在机理与作用路径》,《财经研究》2016年第1期。

谢里、谌莹、邝湘敏:《产业集聚拉大了地区收入差距吗?——来自中国制造业的经验证据》,《经济地理》2012年第2期。

徐康宁：《开放经济中的产业集群与竞争力》，《中国工业经济》2001年第11期。

徐敏、张小林：《金融集聚、产业结构升级与城乡居民收入差距》，《金融论坛》2014年第12期。

徐维祥、唐根年：《浙江区域块状经济在城镇化进程中的运行绩效分析》，《经济地理》2004年第1期。

杨志勇：《中国税制40年：经济、社会与国家治理视角》，《国际税收》2018年第12期。

俞彤晖：《流通产业集聚水平对城乡收入差距影响的实证研究——基于省际动态面板数据的系统GMM分析》，《经济纵横》2018年第8期。

张杰、刘志彪、郑江淮：《中国制造业企业创新活动的关键影响因素研究——基于江苏省制造业企业问卷的分析》，《管理世界》2007年第6期。

张平：《中国农村居民区域间收入不平等与非农就业》，《经济研究》1998年第8期。

张少华、张天华：《中国工业企业动态演化效率研究：所有制视角》，《数量经济技术经济研究》2015年第3期。

张勋、万广华、张佳佳、何宗樾：《数字经济、普惠金融与包容性增长》，《经济研究》2019年第8期。

赵磊：《旅游产业集聚会影响地区收入差距吗？——基于中国省际面板数据的门槛回归分析》，《旅游科学》2013年第5期。

周力：《产业集聚、环境规制与畜禽养殖半点源污染》，《中国农村经济》2011年第2期。

朱华晟：《基于FDI的产业集群发展模式与动力机制——以浙江嘉善木业集群为例》，《中国工业经济》2004年第3期。

二 外文文献

Ellison G., Glaeser E. L., "Geographic Concentration in U. S. Manufacturing Industries: A Dartboard Approach", *Journal of Political Economy*, 1997, 105 (5): 889-927.

Furman Jeffrey L., Michael E., Poter and Scott Stern, "The Determinants of National Innovative Capacity", *Research Policy*, 2002, 31 (6): 899-933.

Knoblauch V., "Generalizing Location Games to A Graph", *Journal of Industrial Economics*, 1991, 40 (2): 683-688.

Lazerson M. H., Lorenzoni G., "The Firms that Feed Industrial Districts: A Return to the Italian", *Industrial and Corporate Change*, 1999, 8 (2): 235-266.

Martin P., Ottaviano G., "Growth and Agglomeration", *International economic review*, 2001, 42 (4): 947-968.

Porter M. E., Porter, M. A., "Clusters and the New Economics of Competition", *Harvard Business Review*, 1998, 76 (6): 77-90.

后　　记

　　中国已进入扎实推进共同富裕的历史阶段。秉承摸着石头过河的改革传统，2021年6月，发布了《中共中央　国务院关于支持浙江高质量发展建设共同富裕示范区的意见》。为共同推进浙江省高质量发展建设共同富裕示范区，中国社会科学院与浙江省特设立院省合作课题"浙江高质量发展建设共同富裕示范区研究"，旨在展开理论和政策研究，为浙江的共同富裕示范区建设工作出谋划策提供建议，深入研究总结浙江共同富裕示范区建设经验，从而为全国的共同富裕提供可复制、可推广的经验和办法。

　　该院省合作课题根据研究内容分为多个子课题，本书即为"以现代化产业体系推进浙江共同富裕"这一子课题的研究成果。本课题由黄群慧和邓曲恒研究员负责，课题组成员包括孙婧芳、王琼、焦音学、刘维刚、张午敏、刘英俊等，邓曲恒做了大量的课题组织协调工作。

　　课题组成立后，经过多次讨论确定了研究内容和研究计划。2022年7月课题组赴浙江调研，与浙江省发改委、财政厅、农业农村局、林业局、自然资源厅、经信厅、科技厅、商务厅、文旅厅、人社厅、银保监局、浙江省人民银行等部门开展座谈交流。课题组还赴杭州市、绍兴市、义乌市等地进行实地调研，与当地政府相关部门人员座谈，并走访考察了多个产业园区和企业。经过实地调研，课题组收集了大量一手资料和数据，对浙江省的现代化产业体系建设及其对共同富裕的推动作用有了较为深入的了解，也为本课题研究和本书撰写奠定了基础。

在实地调研和前期研究的基础上，课题组完成了本书的撰写。各章节的执笔写作分工如下：黄群慧撰写了导言；焦音学撰写第一章；邓曲恒、张午敏撰写第二章；王琼撰写第三章；孙婧芳撰写第四章；刘维刚和刘英俊撰写第五章。

最后，我们要感谢浙江省有关部门对本课题研究和本书写作的各方面支持和帮助，特别是对实地调研工作的协调和周到的安排，以及在本书写作过程中给予的材料和数据支持。感谢中国社会科学出版社提出的宝贵修改意见以及责任编辑王曦的辛勤付出。

课题组

2024 年 5 月